学前专业美术教育手工系列教材

印染·编绘

YINRAN
BIANHUI

序　言

在人类自身发展的过程中，手的作用发挥得很大。由于手的活动，不仅解决了衣食之需，也促进了智力的发展，手也练得更加灵活了。

做手工既能够锻炼手的灵巧，又是通过艺术的形式，用自己的创造体现审美，既产生一种乐趣，并从中诱发才智，有的还带有一定的实用性。自己动手，做出一种为人们所称赞的物品，对青少年的自尊、自信、自强和自立，都是有好处的。

我国古代的手工工艺非常发达，而且各具特色，且乡土气息很浓。童年做过的东西，直到老年也不会忘记，因为有一种乡情蕴含其中。这是民族文化的重要基础的一部分，每个人都是在这个基础上成长起来的。一个民族的成员如果失去了这一基础，或者没有经受过民族文化的熏陶，其后果是显而易见的。

在现阶段，我国正在集中力量发展经济，人们也会很自然地追求物质条件的丰富和改善，这是很正常的。问题在于，须要审慎地、辩证地对待取舍，不能在新与旧、洋与土等关系上简单化的对立起来。这样的情况不仅我们存在，且已成为全人类的问题，引起了国际间的注意。联合国教科文组织最近作了决定，发起对“人类口传和非物质文化遗产的抢救与保护”，并建立了“人类口传和非物质文化遗产代表名录”。认为民间艺术具有特殊的文化价值，从内涵上，包括了人类文化的多种形式，维系着民族的精神。因此，我们必须从一些具体的、细小的事情做起，不致使传统消失。

手工工艺制作的形式很多，长期在民间流传，形成了传统的民间艺术。弘扬民族文化，继承民族艺术遗产，对青少年进行优秀传统文化的教育，既是子孙后代的要务，也是爱国主义教育的组成部分，其意义是重大的，也是深远的。开展手工制作教学是学校对青少年进行艺术教育、素质教育的重要课题之一，是其他形式的教学替代不了的。

“学前专业美术教育手工系列教材”集工艺美术、劳动技术、手工活动等多类教学于一体。

教材内容全面，图文结合，它既是手工制作的具体指导，又会使读者从中得到启迪，诱发创造，意趣无穷。即不做艺术家，但是在这里播下的种子，将会有助于一生的素养，更重要的是它的乡土特点，可说是一种最具体的爱国主义教育。为什么不在人生的旅程中尝试一下艺术的创造呢？如果说，艺术家的作品具有娱他性，那么，青少年的艺术创作却带有自娱性。如果自己亲手去做，定有美妙的感受，可说是人生的一种精神享受，其乐无穷。祝贺江苏电教馆的成功。

张道一

于南京兰园

综合编织

ZONGHEBIAN ZHI

编织，是一种既有装饰性又具实用性的艺术形式。它包括草编、叶编、纸编、竹编、条编、金属箔编等，不论是哪一种编织都是在草编的基础上发展产生的。下面谈谈几种编织方法。

草编

草编的编织方法大体包括挑压法、编辫法、缠绕法、绞编法、收边法、盘花法和编结法等，这些编织方法各自适合某一种或几种草的编织，既可单独编织，也可综合运用。

1. 挑压法：压一挑一、兜方压二、十字起心法、折边法、挂边法。（图 1）

2. 编辫法：三股辫、四股平辫、七股平辫。（图 2）

3. 缠绕法：缠芯条、缠扣法。（图 3）

4. 绞编法：压二挑二双绞编、三绞编、人字绞编。（图 4）

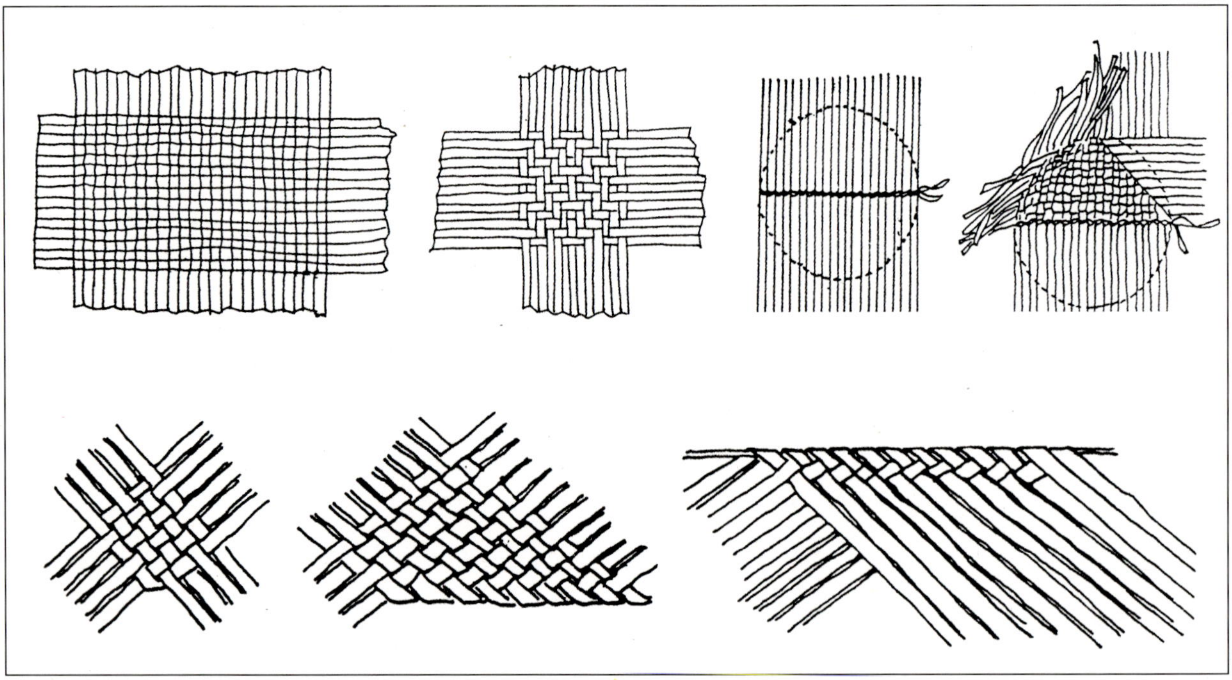

图 1 挑压法

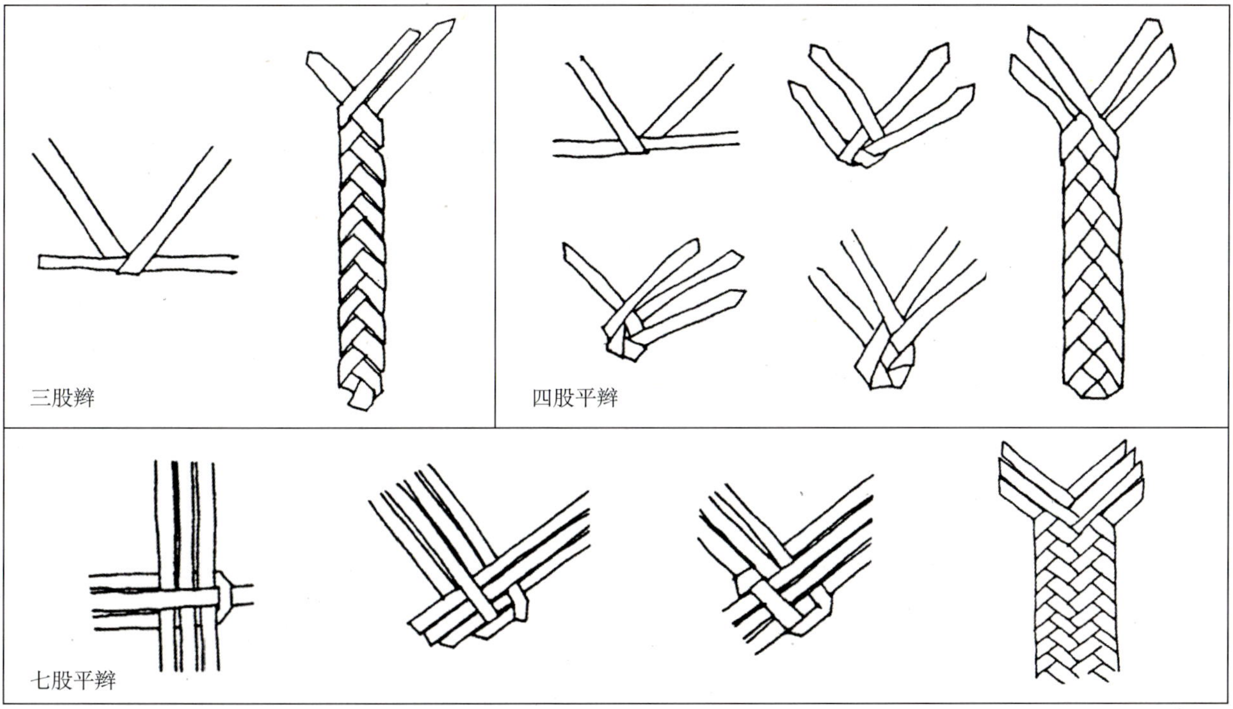

图 2　编辫法

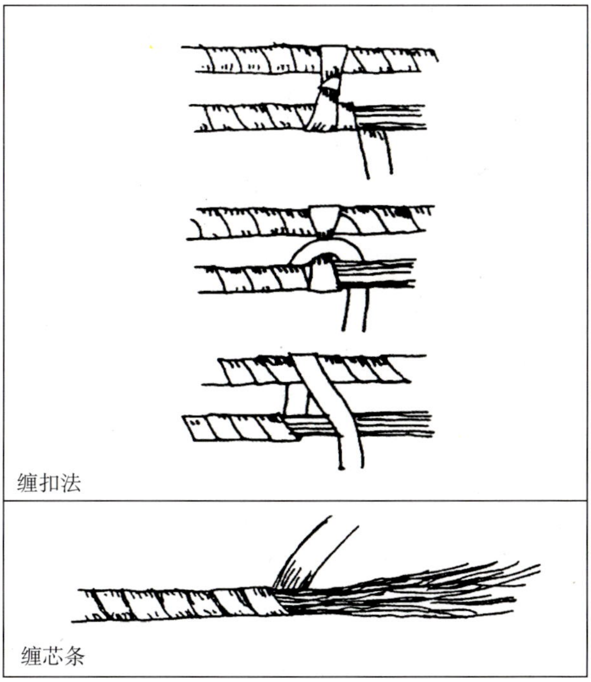

图 3　缠绕法

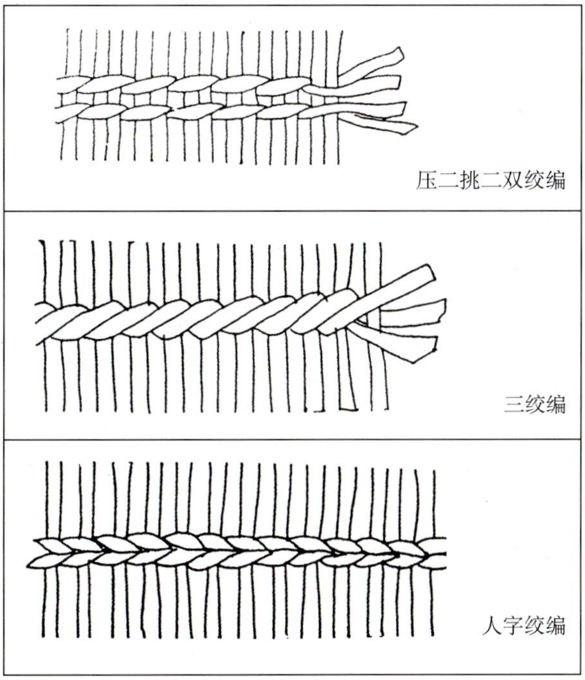

图 4　绞编法

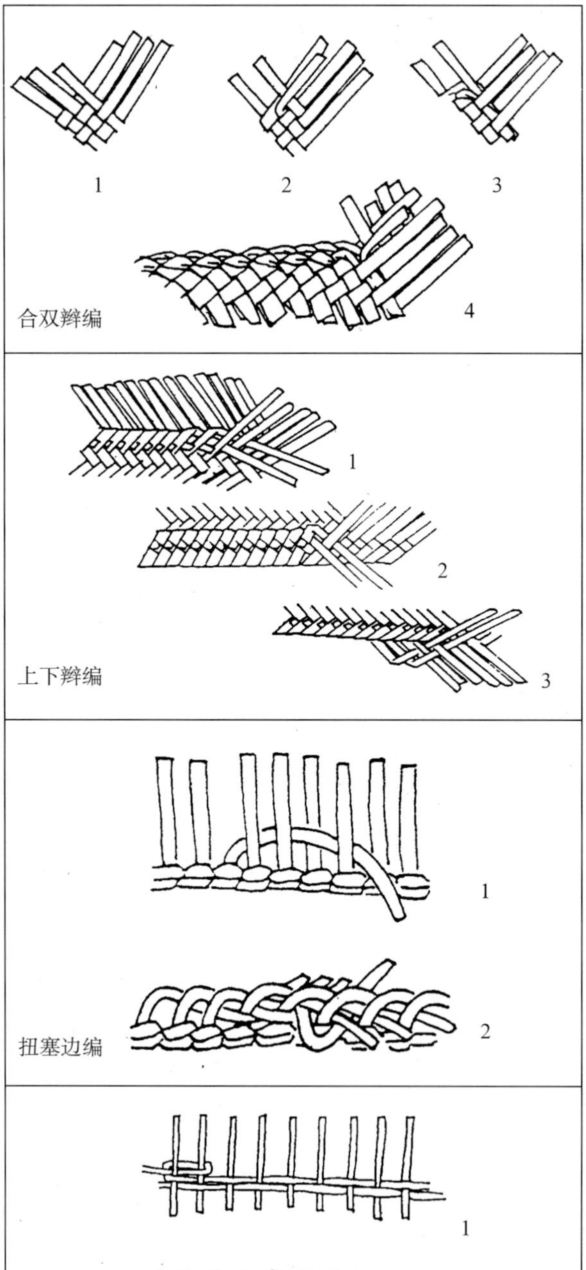

图 5　收边法

图 6　盘花法

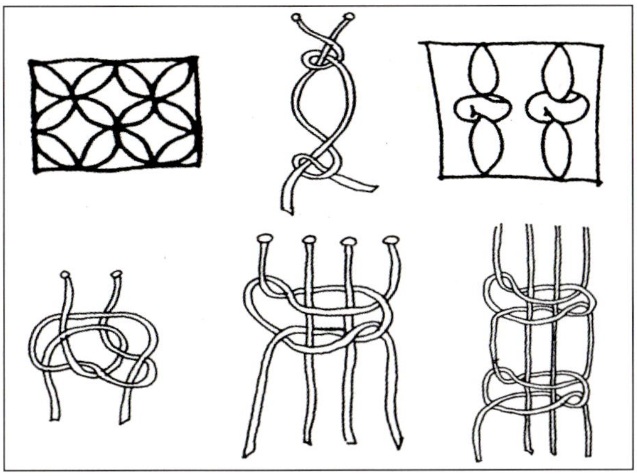

图7 编织法

图8

图9

图10

5．收边法：合双辫编、上下辫编、扭塞边编、织折边编。（图5）

6．盘花法：辫子盘花、单边牵丝、双边牵丝。（图6）

7．编织法：正反结、百结、单结、双结。（图7）

以上是草编的一些编织方法。在制作草编之前，要选好材料做一些准备工作。如用麦杆，则要选粗细均匀、有光泽的麦杆，先用温水浸泡半个多小时，然后取出用湿布包好备用。

制作实例

用麦杆能够编出多种造型的人物和动物。这里以草人和草鹿为例，简单说明它们的编制方法。

做草人，事先准备两小把草，一把做下身和脚，另一把做头与上身，进行修剪绑扎，再适当装饰即成。（图8）

草鹿的制作方法与草人大致相仿。可将鹿角和尾巴的草压扁编结起来，并使其弯曲，让编出来的鹿更加生动有趣。（图9）

选择韧性强、粗细均匀的麦杆，剪成长短适宜若干等份，用细线绑扎，还可制成各类人物及动物的装饰图案。（图10）

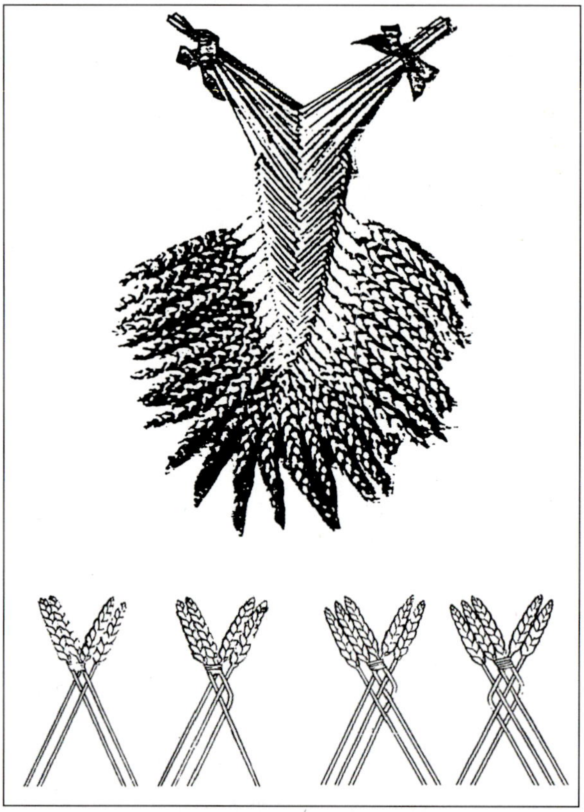

图 11

此外，也可用穗麦杆来制作装饰工艺品。我们在收割前，选好颜色一致的穗麦杆29根，用温水将麦杆泡软。取其三根用绳将下端系牢，再插入第四根麦杆，按图编织；再插入第五根麦杆，继续按图编织；直至麦杆全部插完后，仍继续编五次。(图11)

将余下的麦杆分为两束，修剪后系上彩带，加以装饰。完成后可挂在室内作为壁饰。

草编还可以编制杯垫、椅垫、扇子等，不仅可作工艺品供人欣赏，还具有实用价值。编辫法是上述制品编织的基础。

还可用染料将编制好的草辫染成不同颜色，然后按照事先绘制好的图样，用不同颜色的草辫进行编各类工艺品。(图 12)

图 12　动物叶编工艺品

叶编

叶编是借鉴草编艺术，利用棕榈树叶通过折、撒、套、穿、结、绕的手法编制各种动物、昆虫、玩具等不同形象的装饰物。(图13)

工具与材料

工具：剪刀、针、火柴、绒线等。

材料：新、老棕榈树叶片。

制作实例

蚂蚱

1．取条新生的嫩棕榈叶，从叶稍处约6厘米至根部一分为三，中间一股较细，两边两股较宽且宽度均等。(图14−1)

2．将中间的一股折向棕叶的底部，对折5厘米，用来缠绕蚂蚱的头部和胸。(图14−2)

3．用较宽的两股中的一股，先绕过中间较细对折的一股，再折向里拉紧。(图14−3)

4．将较宽的两股中的另一股也绕过中间较细对折的一股折向里拉紧(图14−4)。依次类推，两侧两股对称交替缠绕约三四个扣拉紧，蚂蚱的躯干和尾部就做成了。(图14−5)

5．将较宽的两股各自从前边缘破分出三根细条，作为两根触须和四条腿之用(图14−6)。先将两边前边缘的各第一根细条合并，从原中间一股对折的空隙处穿插出来，再从腹部将中间的一股拉紧，蚂蚱的两个触须便固定下来。(图14−7)

图13

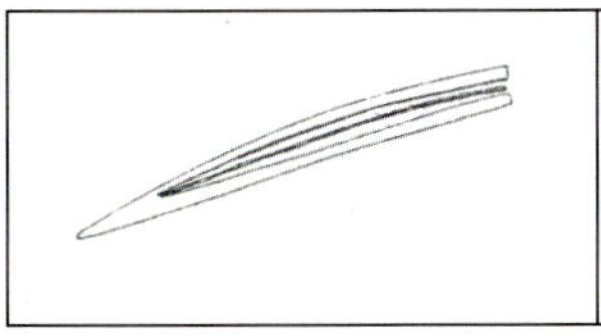
图14−1

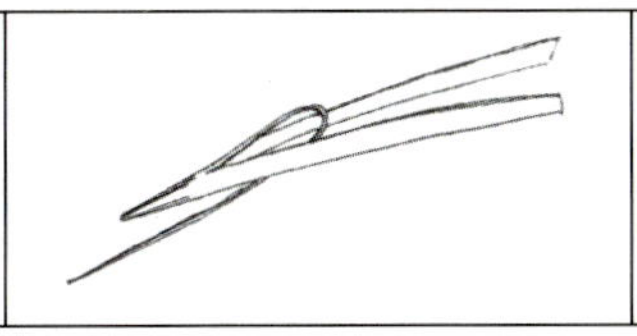
图14−2

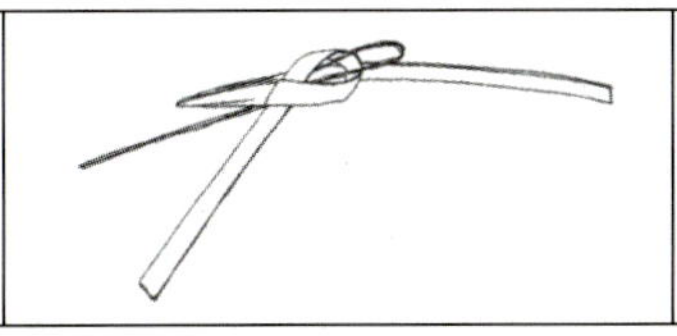
图14−3

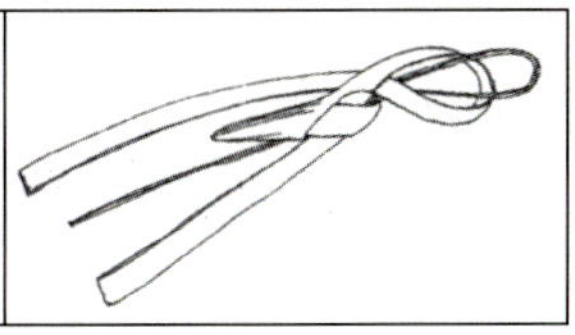
图14−4

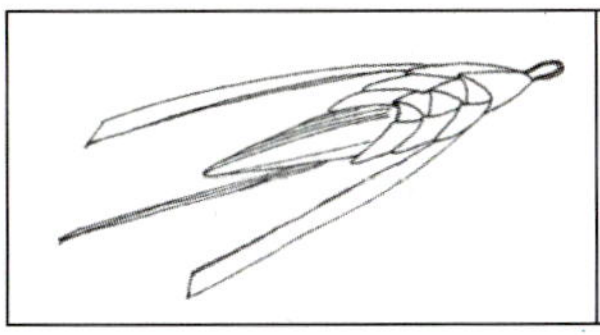
图14−5

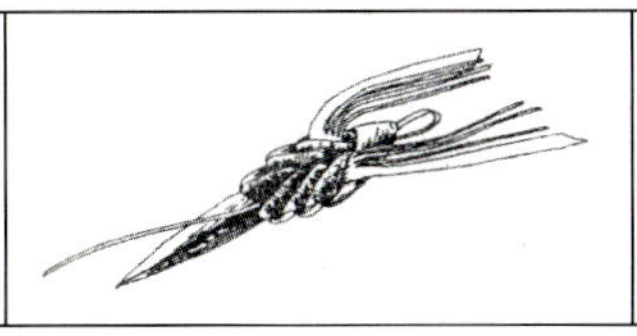
图14−6

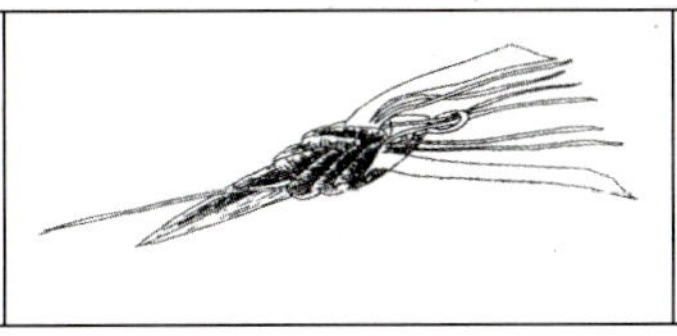
图14−7

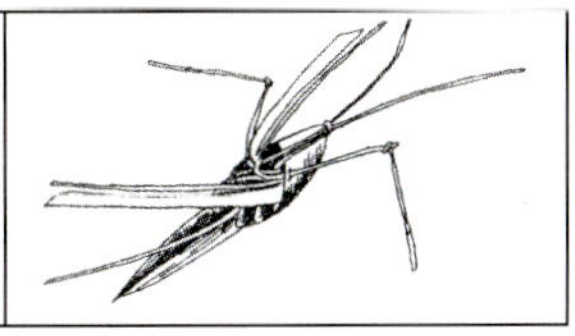
图14−8

6．将两边两股靠近触须的第二根细条分别向前斜穿出去，代为前腿；再从中间打小结，成为关节。(图 14—8)

7．依上同样的方法，将破出的第三根细条从两侧胸脯的空隙中向后穿出去，在中间打一小结作关节。(图 14—9)

8．最后将两边两股及腹部中间对折的一股的剩余部分剪掉，并在头部两侧点两个红点作为眼睛。至此，蚂蚱就做成了。(图 14—10)

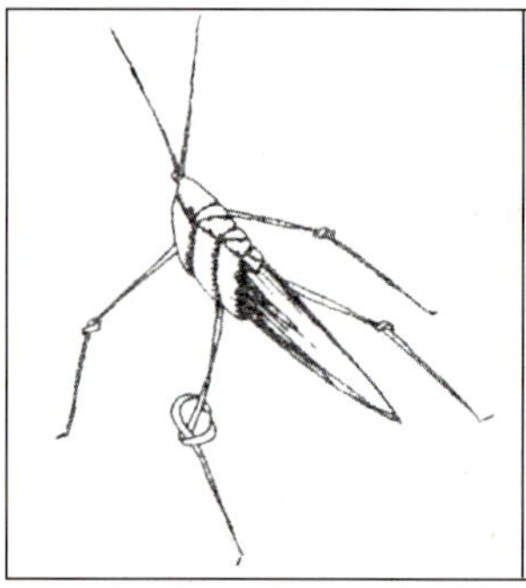

图 14—9

图 14—10

纸编

纸编是以各种各样的纸做材料，加工成经纬条，进行平面编织。纸编可分为有底纸编画和无底纸编画两类。

一　无底纸编画

它是直接用二至四根纸条进行编织。编织方法有两种：一种是利用两根纸条进行编织（图 15）；另一种是利用四根纸条进行编织。（图 16）

我们可以通过以上两种编织方法用来编织动物的身体，如按下面的十几幅小图的顺序，即可编成一只奔跑的小鹿。（图 17）

图 15

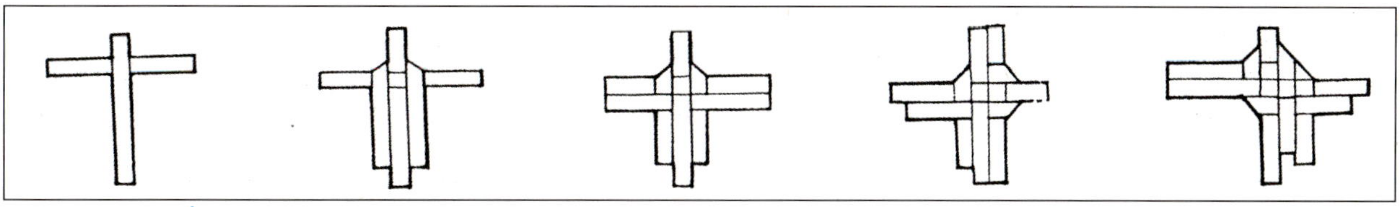
图 16

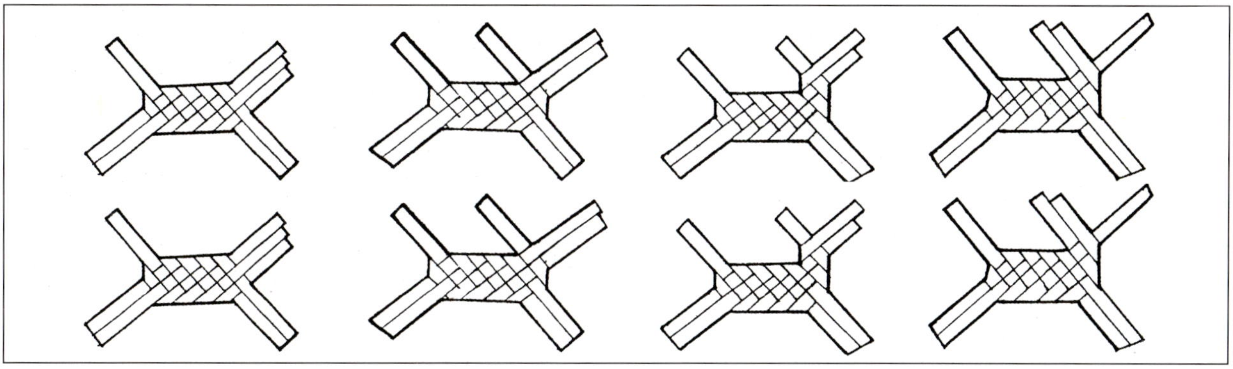
图 17

运用这两种基本方法，再借助剪贴画的手法，还可编出许多其他的形态各异的动物。

为了表现动物身体和腿的结构，编时要用不同粗细的纸条。用两纸条编织，可以自由地进行左右弯曲交叉。

二　有底纸编画

1．绘稿：在有座标的方格纸上，用铅笔画出外形轮廓，并把所围的方格涂上色。

2．做经纬条：根据方格纸的比例，在底色纸上画出经线格，留出四周作边框，用美工刀刻出宽度相等的经线。再根据穿编的需要和色彩的关系，把做穿条用的色纸切割成与经线格等宽的纬条。一般底纸色浅，穿条纸色较深。

为了便于编织和查对，要在方格稿纸和切割经线的底纸上，标上经纬的格数：1，2，3，4，5……

3．编织：按画稿，用竹针引纬条进行穿编。编时要排紧纬条，不留空隙，也可用浆糊将纬条两端固定。如一横行有多色，可先粘接好再编织。

4．裱贴：编织好后，将画面翻转，涂上浆糊，裱贴在较厚的纸或纸板上，压平即成。(图 18)

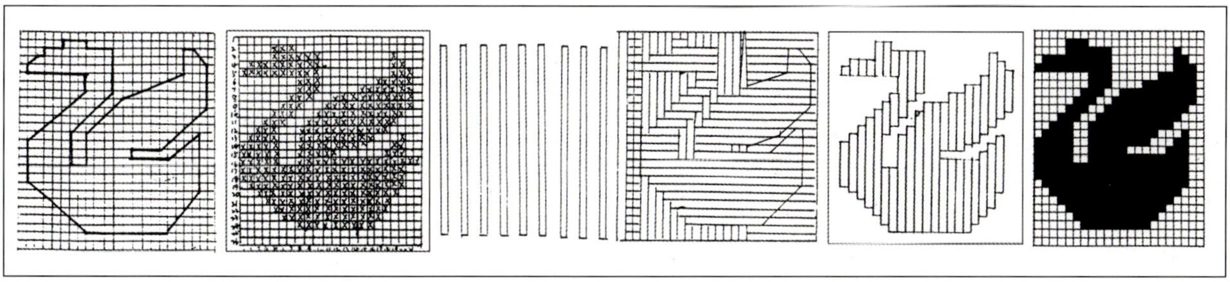
图 18

制作实例

纸编金鱼（图 19）

1. 准备一张长 60 厘米，宽 5 厘米的纸条，将其对折。

2. 把图中的灰色部分沿线剪掉，再从折叠缝处剪开至所标位置。

3. 将一段铁丝弯一勾，夹在甲乙两条中间。

4. 取甲条套住铁丝，打个扣结。

5. 把甲条拉紧、压平。

6. 按相同方法，再将乙条打扣结。

7. 将甲条上翻、压平，标出折叠线。

8. 将甲条折叠，使之伸向右方。

9. 按第四个步骤，将甲条打扣结，拉紧压平。

10. 将甲乙两条互相交替打结 6～8 个，再将所余铁丝头向下弯回夹紧。

11. 用纸片剪个鱼翅形插入适当位置的扣结缝里，再做两只眼睛，用胶水粘好。

以纸编画，可以线为主，也可以画为主，还可线面结合。色彩的鲜艳明快，造型的简洁概括、夸张和省略，将使纸编画更有特色。

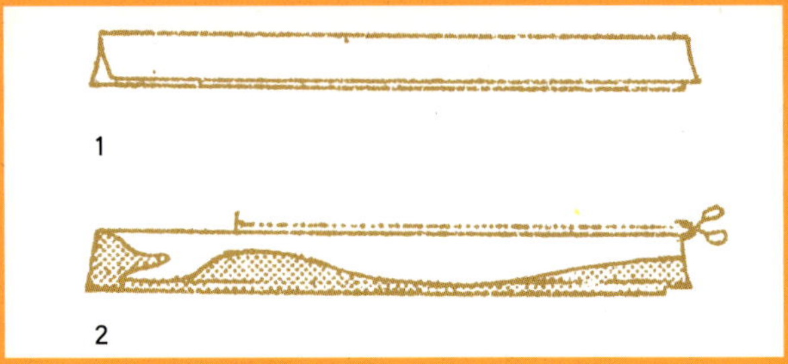

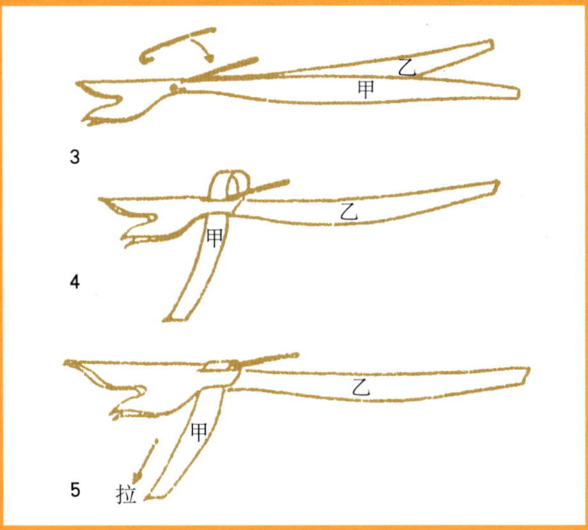

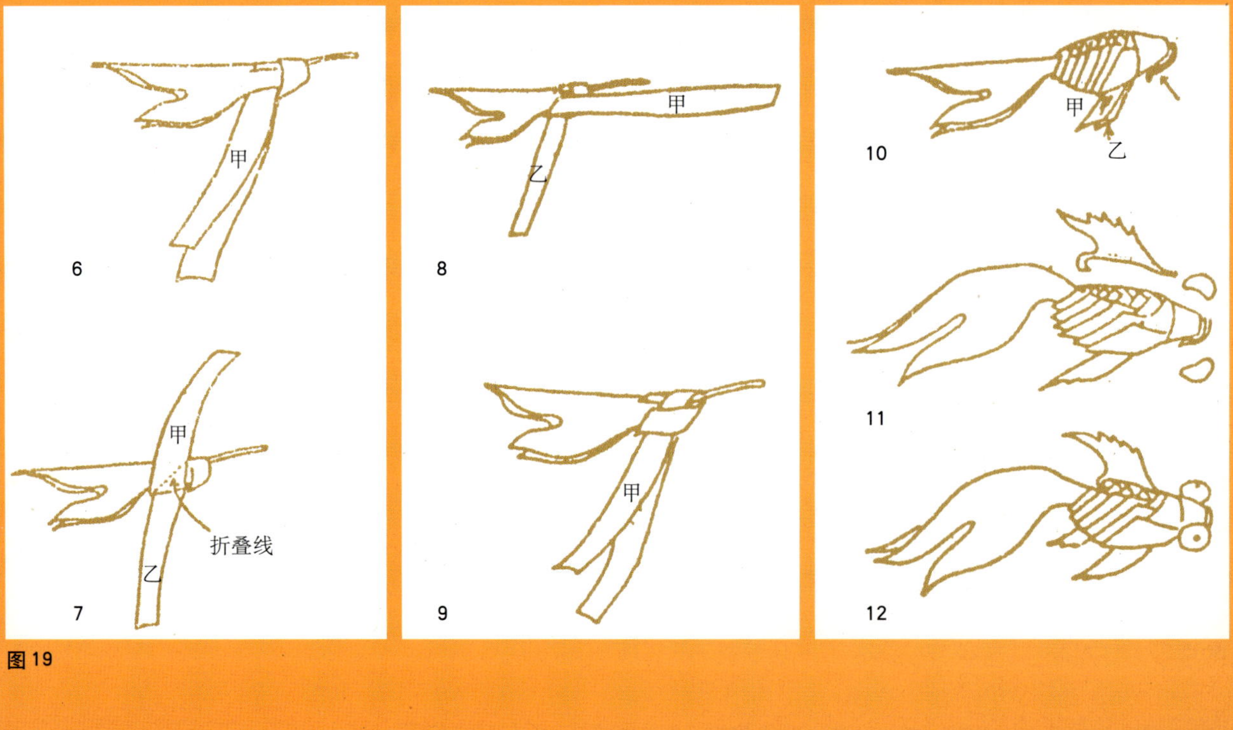

图 19

纺织品手绘

FANGZHIPIN SHOUHUI

图 1

织物手绘历史悠久，是织物装饰的一种重要手法，也是染织工艺的一个重要品种。

纺织品手绘是用纺织染料直接在纺织品上手绘出各种图案，并加以必要的固定处理的织物手绘艺术。

织物手绘不同于工厂的机器印花，因此手绘可以不受色彩和机器生产工艺的限制，其图案比较灵活、富有情趣，比起印花来，手绘更具个性特点和艺术魅力。所以，我国的纺织品手绘在世界上很受欢迎。

制作原理

工具与材料

工具：毛笔、勾线笔、油性记号笔、喷笔或喷壶、纺织品颜料、丙烯颜料等。

材料：棉白布、化纤布、丝绸边角料、电熨斗。

制作方法

一　勾勒填色法

1. 起稿：在一块织物上用彩色粉笔画上图案底稿，用笔要轻，同时注意构图的整体艺术效果。

2. 勾线：用油性记号笔直接在织物上沿着起稿的粉笔线勾勒，勾线时应注意笔法的自然生动、流畅。

3. 填色：其方法有两种：一种是将色彩填画在线内，这种方法比较适合平稳安定的图案(图1)；另一种方法是将色彩自由地填在线条内外，不受已勾好的线条的限制，这种填色法较适合生动活泼的图案形象。

勾勒填色法是纺织品手绘的主要绘制手法之一，简单易学。如果勾勒填色全由记号笔完成，则可省去固色的程序，因为油性记号笔的色彩不怕水洗。(图 2)

二　国画法

国画是我国优秀传统文化艺术，由于它特有的工具和材料以及独立的美学价值，运用其设计绘制的手绘制品更具民族特色。在设计时应注意选材，内容一般不宜太复杂，最好富有一定的装饰性，这

图 2

图 3

样容易具有美观大方的效果。（图 3）

1. 选一小块长方形丝绸面料，用彩色粉笔轻轻地勾出图案的轮廓线，注意构图的均衡装饰意味。（图 4—1）

2. 用毛笔蘸上纺织品颜料，用淡灰蓝绘出花瓣，再蘸较浓的黑色运用侧锋画出花叶，注意用笔的深浅变化。（图 4—2）

3. 用蘸较浓黑色的笔将叶筋勾出，并用淡绿和中绿画出圆叶。（图 4—3）

4. 用橙黄或橙红点出花蕊，并用蓝色画圆叶脉，画完后可用电熨斗熨烫以固色。（图 4—4）

图 4—1

图 4—2

图 4—3

图 4—4

图 5–1

图 5–2

图 5–3

三　手工喷绘法

1．手工喷绘是用喷笔或喷壶将色浆喷洒在织物上而形成图案的一种方法。某些局部也可用即时贴或透明胶膜进行遮挡(图 5–1)。作品若为字体喷绘，设计时应注意字体的形态美，同时注意其笔画宽度及字体大小应适合汗衫胸口的位置。

2．可将设计好的英文“LOVE”复印在即时贴上，刻空后贴于汗衫的胸口部位。同时，注意用硬纸板遮挡住字体四边暴露在外的汗衫。(图 5–2)

3．将调好纺织品颜料黄色置于喷笔壶内，然后由上而下均匀喷色，再换红色由下而上均匀喷洒。注意红、黄两色过渡要自然、均匀。(图 5–3)

4．喷好后，揭开即时贴，用电熨斗将英文“LOVE”字熨烫一遍，可起到固色的作用，这样作品便完成了。

四　喷描结合法

1．设计喷描法可以将手工喷绘与描绘相结合，先描后喷或先喷后描，可视图案的需要而定。设计喷描结合的图案时，应注意形象丰满并有一定的层次感，同时色彩也应尽量地鲜艳明快。(图 6–1)

2．绘稿首先需在准备好的织物上打好轮廓，然后根据图案的需要将应遮挡的部分复印在即时贴上，再将即时贴按复印线剪好贴在应遮挡的部位。(图 6–2)

3．粘好即时贴后，可先用毛笔直接描绘出图案的线条，再用电熨斗熨烫一下将颜色固定。(图 6–3)

4．喷绘喷色时，可先调群青色由下而上、由浓至淡地喷洒，注意喷色要尽量均匀，不要在一个地方停留时间过长。接着再换蓝色由上而下均匀地喷洒。注意上下两色衔接要自然均匀。(图 6–4)

5．描绘背景喷绘完成后要及时地用电熨斗熨一下以固色。然后将遮挡树叶部分的即时贴揭下，在空白的底子上平涂上纺织品颜料淡绿色，熨干后再用灰色勾出叶形。这样，一幅喷描结合的手绘纺织品便制成了。(图 6–5)

如今，不论材料、工具到表现手法，手绘都已

有了很大的突破。如隔离胶防渗法、粗盐泼染法等表现技法的开发运用，使手绘的表现力达到了较高的水平，喷绘的花色品种琳琅满目。

纺织品手绘给我们带来了许多审美情趣，我们的台布、窗帘、靠垫、手帕、枕套、汗衫等，均可进行手绘加工，按我们自己的意愿美化它们。由于是自己动手做的，使用这些物品时我们会倍感亲切。优秀的手绘品还具有一定的收藏价值。至于手绘方法，除上面介绍的几种外，还有其他许多方法，可在实践中不断地发明创新，创作出更新更美的作品。

图6—3

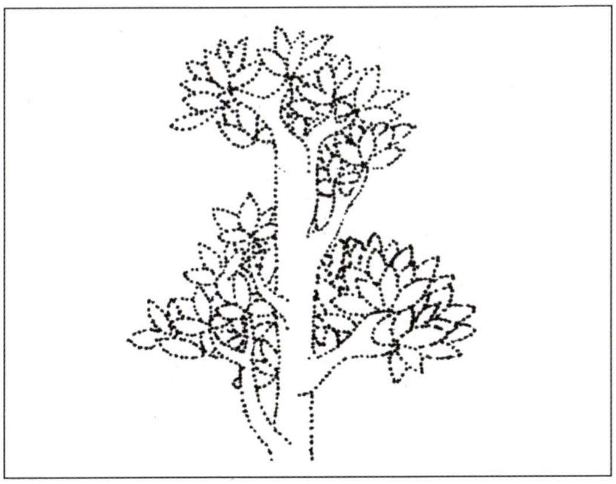

图6—1

图6—4

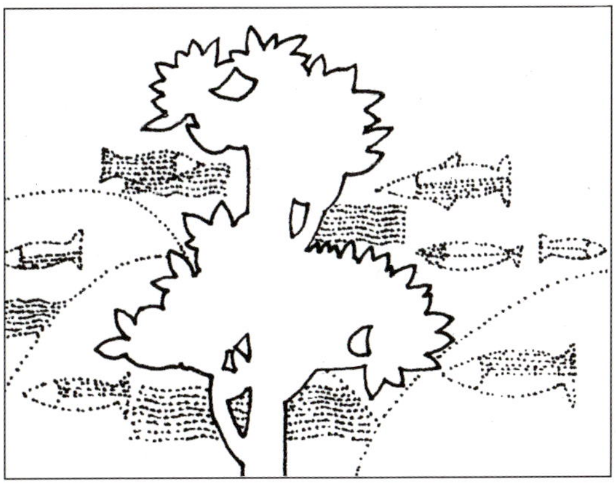

图6—2

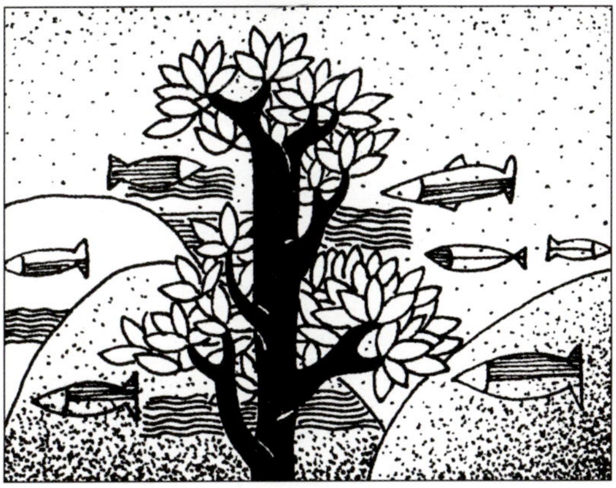

图 6—5

风　　筝
FENGZHENG

中国有悠久的历史文化，风筝如同印刷术、指南针、造纸一样，也是民族文化中的瑰宝。风筝不仅能供人们欣赏，而且还可放飞。

当人们放飞一只绚丽多姿的风筝时，心旷神怡，既净化了心灵，陶冶了性情，又强健了身体。

风筝放飞是利用线牵引控制，借助风力在空中飞行的工艺制品，是人类最早的飞行器，流传甚广，迄今不衰。

风筝的类型

风筝的类型包括有：简易类、平面类、硬翅类、软翅类、板子类（如菱形、方块风筝）、立体类（如筒形风筝）、龙类、板串类等等。

工具与材料

工具：锯、刀、钳子、镊子、加热器（酒精灯、电烙铁等）、刨子、剪刀、木锉、砂纸、电熨斗等。

材料：竹、木、线、纸、胶水、绘画材料等。

制作实例

风筝的制作要经过图样设计、扎骨架、绘画面、裱糊、拴提线一系列工序。

一　菱形风筝

取细竹条3根用细线绑成“十”字形，再用线将竹条的5个头相连。将画好图案的蒙面纸贴上，拴上飘带提线即可。（图1）

二　五字风筝

用4根竹条扎成“王”字形，上两根竹条背面拉上线，使其成拱形。蒙上面纸，粘上飘带即可。（图2）

三　圆筒风筝

用细竹条弯成20厘米直径的圆圈，接口用细线绑好。用64厘米×20厘米的薄纸顺竹圈贴成圆筒。在竹条的接口处拴上一根提线即可。（图3）

还可将两3个圆筒组合起来，放飞时稳定性更好。

四　蝴蝶风筝

这类风筝制作简单，只用一张纸，两根竹条，纸张应用稍硬挺些的，使放飞效果更好。

1．将60厘米×40厘米的皮纸或防风纸，从

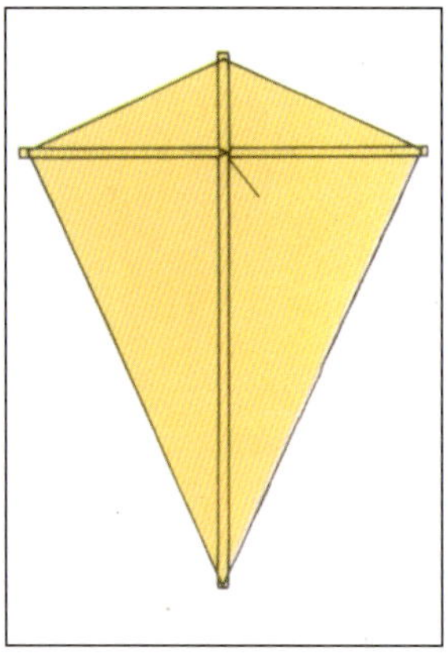

图1

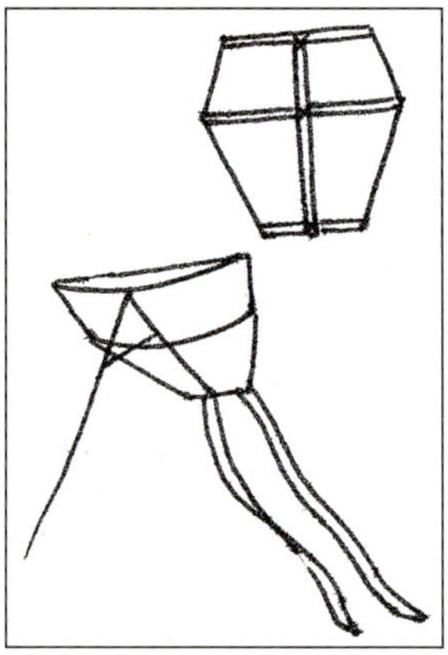

图2

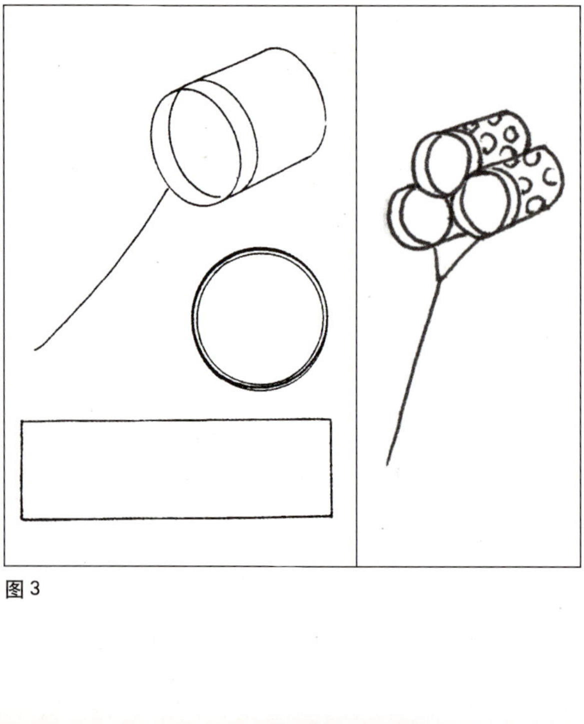

图3

中间折叠起来，画上半边蝴蝶的图样，再翻过来描好另一侧。上横边留出2厘米，余料裁下，然后勾线设色。上翅以黄色为底，间以红、绿；下翅以桃红为主，杂以绿、黄；尾部再另外粘上。

2．削两根截面为2～3毫米见方的竹条，长度分别为40厘米和60厘米。将40厘米长的一根上端劈开10厘米向两边烤弯作触须，与另一根60厘米长的竹条中心部位对准，十字交叉互相垂直扎牢，再用乳胶粘在蝴蝶背面。上部余出部分留6个小方块涂胶包贴在上横竹条上。竖竹条上也粘几块胶纸或纸片加固。

3．提纸可拴两根，上端拴十字交叉处，下端拴竖竹条下部，总长为80厘米，找准角度，结个扣儿。把风筝两边调整平衡就可以试飞了。（图4）

五　沙燕风筝

它是我国风筝中最具代表性的一种，属硬翅类。上下两根竹条组成的硬翅“风兜”，不仅飞行稳定，而且还增加升力。许多风筝的制作都采用了此类翅膀。

沙燕风筝的形状特征像“大”字，由5根竹条做成。沙燕的上部，用一根竹条弯成“U”形，倒置在上下两根翅膀之间，并扎牢。用手把两根膀条的端部均匀地向内弯曲，互相交叉连在一起，用线绑牢，同时把绑线向内拉，绑在燕身的中部。再用两根竹条交叉地绑在燕身的立柱上，并将它们的下端与燕身下部的中间拉上张线。最后贴上事先绘好的蒙纸。沙燕的提线是“上二下一”，3根提线的交点大约与上膀条平行，系好长提线后，即可试飞了。（图5）

为了携带方便，将两翅、两腿和头身各自分开制作，靠连接管插装组合。（图6）

六　孔雀风筝

圆形风筝制作比较简单。在扎制时一定要使圆外轮廓规矩、周正。孔雀腿即所谓“坠脚”，应稍粗重些。

1．取75厘米长的竹条作中心竖竹条，在距顶端30厘米处与另一根60厘米长的竹条中心对准，互

图4

图5

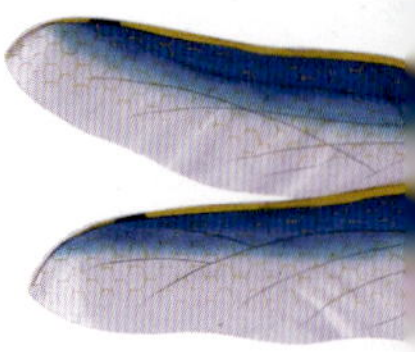

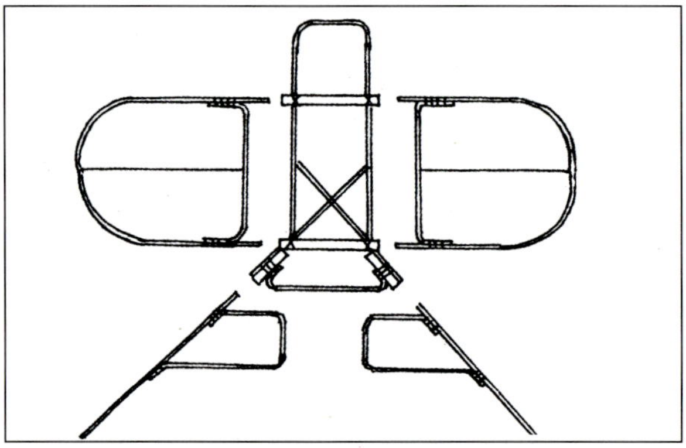

图 6

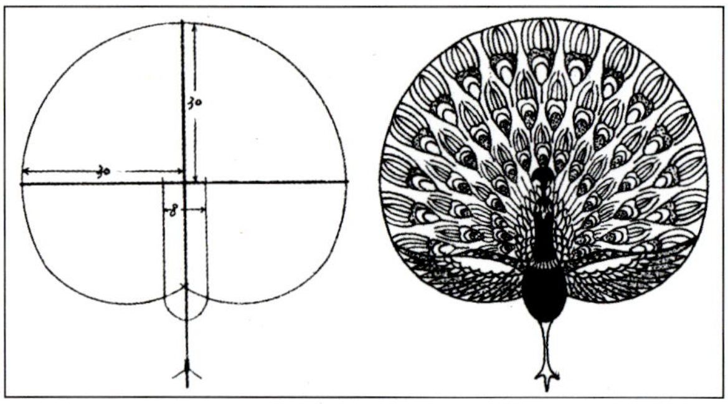

图 7

图 8—1

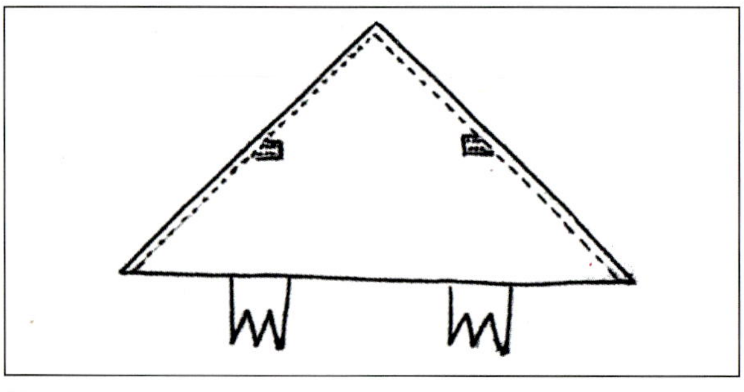

图 8—2

相垂直扎牢。

2．画一个半径为30厘米的圆，根据圆的外部轮廓，把90厘米长的较粗的竹条烤成葵扇一侧的形状，然后劈成两片对扎在十字竹条上构成风筝外形。

3．把65厘米长的竹条烤弯成“U”形作孔雀身子。另把两根短竹条烤弯扎在中心竖竹条下端作爪。

注意检查骨架是否周正，之后再根据骨架绘制图稿，贴上图纸或绢。

提线可拴两根，总长1米。两拴线点在顶端和中心。(图 7)

以上风筝是属比较传统的，下面介绍几种目前较为流行的风筝。他们最大的特征是：携带方便，能任意折卷，体积较小，制作简单，并可做大或做小。

七　企鹅风筝

企鹅风筝是典型的三角形软翅风筝，它的特点是制作工艺简单，但要求精选竹节较长、竹质较好的竹条做骨架。也可到市场购买玻璃钢材料的条子替代竹条，为使折卷自如，方便携带，风筝的蒙面材料可用降落伞布——仿绸布、无纺布或尼龙绸。降落伞布软、质地牢固，放飞时容易升空。(图8—1)

1．将企鹅风筝用纸放样，然后将三角形内的各种小图形剪下，放在此相应颜色的仿绸布上进行裁剪，剪时注意预留毛头，以便缝制。图形裁剪完后，将三角形的两边翻叠缝制成细长条袋。在三角形反面的上半端左右两边缝上一小横口袋。(图8—2)

2．将准备好的竹条或玻璃钢条，插入三角形两侧的细长袋里。(图 8—3)

3．将条子横插在三角形反面上如(图8—4)，这样一个可爱的企鹅风筝便完成了。

八　鱼风筝

鱼风筝是由 5 根竹条或玻璃钢条等支撑起来的。鱼上半部分两侧面先各插入一根；其余 3 根横撑在背面。3 根横条中间分别缝上扣绊，使其更加牢固。(图 9)

九　蝙蝠风筝

此风筝是由3根条子支撑起来的。将两根短条

子插在事先缝好的细长袋里，同时穿过4个缝制好的扣绊。(图 10)

十　空心三角风筝

空心三角风筝是由5根条子组合而成的，它与三角风筝不同之处主要在于其中间有一方孔，此孔是用于穿风减小风与风筝的阻力。空心三角风筝适合在风力较大的情况放飞。(图 11)

风筝的放飞

制作风筝的目的就是为了放飞。放风筝必须具备以下条件：1．有一定的风力；2．风筝有迎风的倾斜度；3．要有牵引线，并能产生拉力。风筝线要选择强度大且耐磨的线。放小风筝可用线轴和线板绕线，放大风筝则要用拐子，甚至用绞车来绕线。放较大风筝时，要戴手套，以防手被勒伤。在强阳光下放，还要戴上遮阳帽和太阳镜。放飞的场地要安全，不要选在有高压电线处和交通要道附近放飞，要选择开阔的田野、广场等地方。

风筝设计与绘画

风筝的表现方法可以是写实的，也可以是夸张变形的。色彩要鲜明，对比要强烈。同时，还要考虑放飞时在蓝天背景下的远效果。

风筝摆在室内和放到空中，都是一幅美丽的图画。线条和色彩组成的图案，是为了更好地表达主题和加强形式美感。风筝的绘画一般用水彩颜料。为防止颜色渗化，绘前在棉纸上涂矾水，待阴干后再上色。绘制的方法可以先糊白纸再绘画，也可以先精绘再糊上。还可以利用现代科技，将风筝设计制作利用灯箱拷贝来勾画轮廓造型，使之成为有动感的现代风筝。下页的图例供绘制参考。

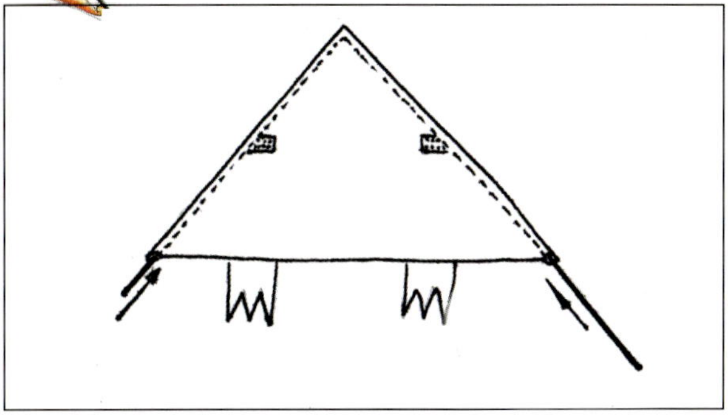

图 8–3

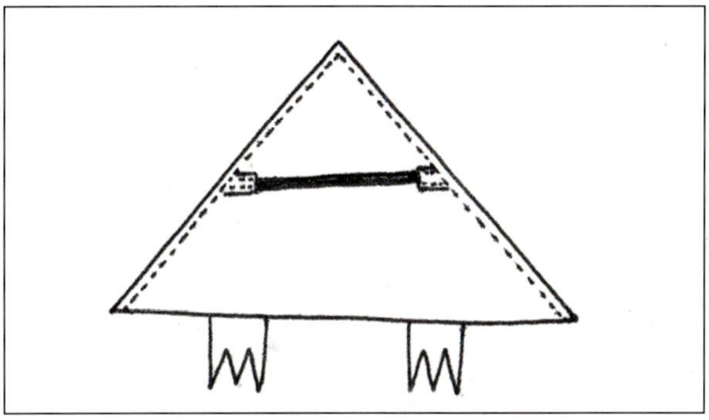

图 8–4

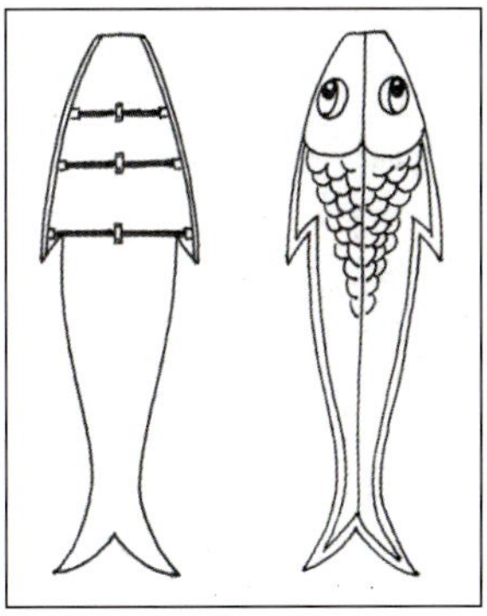

图 9

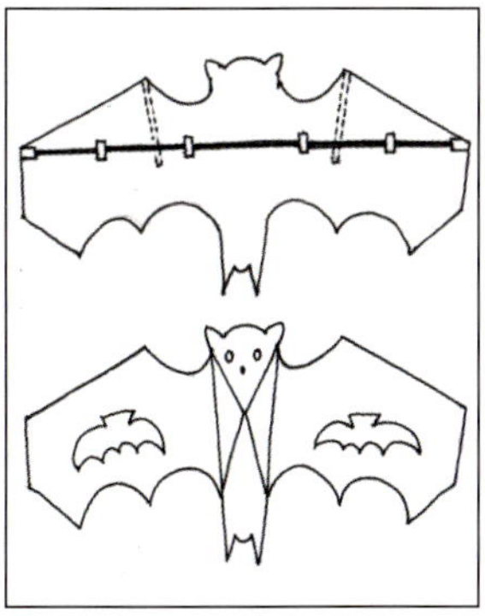

图 10

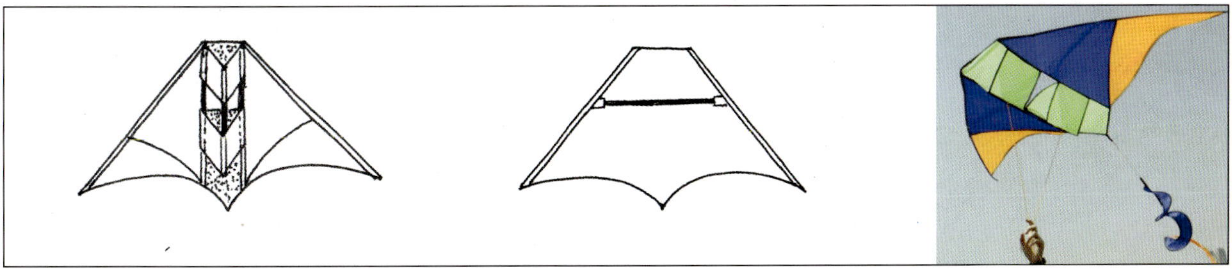

图 11

福

蜡　染
LARAN

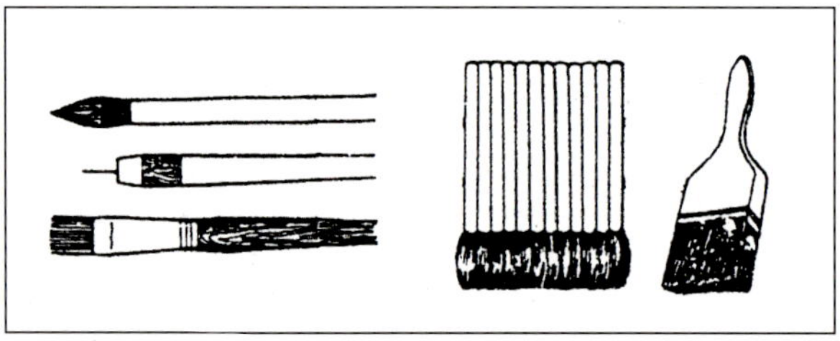

图1　笔

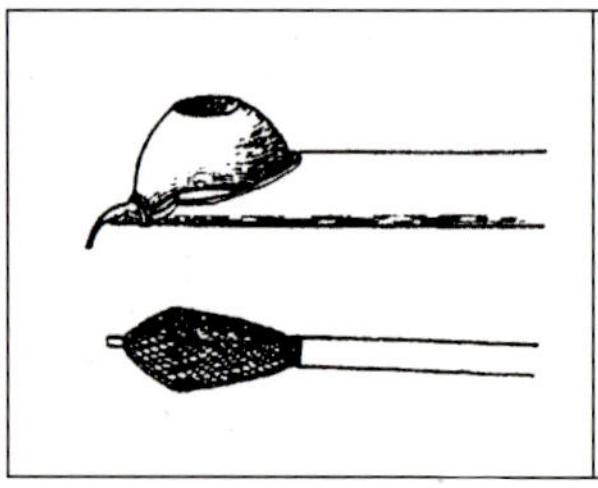

图2　铜笔

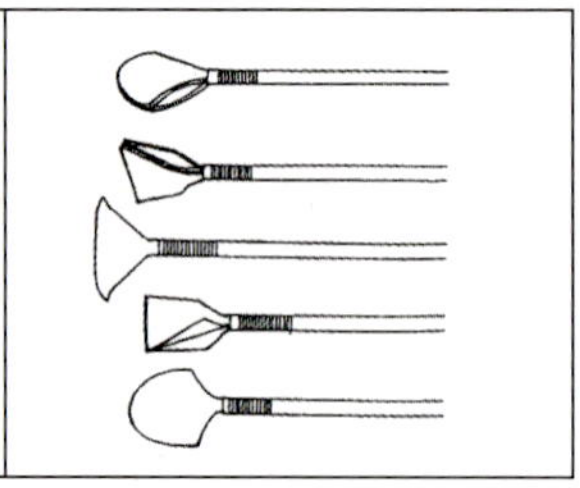

图3　蜡刀

图4　锅

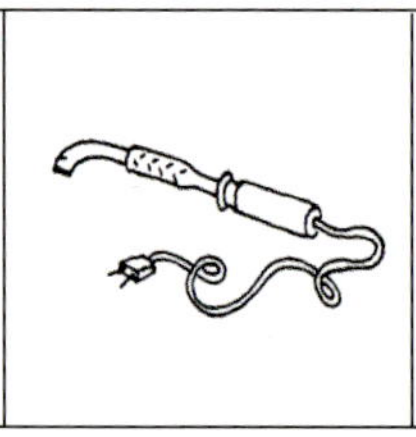

图5　电铬铁

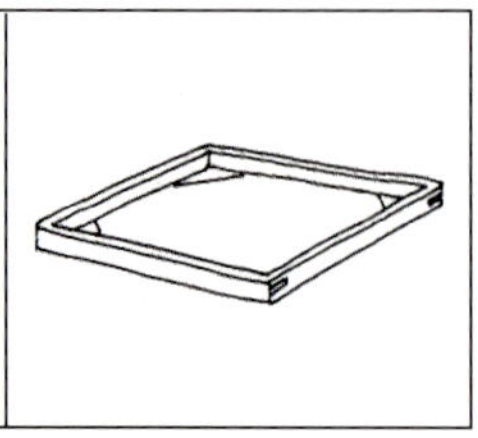

图6　木框

蜡染是中国传统的民间美术工艺。它通过笔或蜡刀蘸上蜡液在白布上描绘图形纹样，再浸染染料颜色，然后用水蒸或热烫脱蜡而呈现花纹图

制作原理

工具与材料

工具

笔：毛笔、水彩笔、油画笔、排笔等。（图1）

铜笔：形似电铬铁，前端斗状用于装放蜡液，小管口可流出蜡液描绘线条，当腊冷却时，可置于酒精灯上烘热再施绘。（图2）

蜡刀：蜡刀可自制，剪薄铜片四片弯成如（图3）中形状，插在竹子木柄上，用细铜丝扎紧即可。也可到美术用品商店购买。

酒精灯，200～300瓦小电炉，煮蜡用。容器选用有柄小铝锅或搪瓷锅，在锅口上横拉一根铁线有利于添蜡。（图4）

电铬铁：修改蜡，笔误时使用。（图5）

材料

木框：绷布之用，用4根木条钉成像油画框一样，绷平布易于描绘。（图6）

布：用经染色的棉布、人造棉、麻布、丝绢等，以粗厚型棉布为宜。

蜡：防染材料，分石蜡、白蜡、蜂蜡三种。三者掺和着使用较好，也可选其一使用。蜡烛也可用。

染料：X型活性染料、蓝靛及还原染料等。

助剂：食盐和硫酸钠起促染作用。

另外，备用蒸笼、电熨斗和白报纸。

蜡染制作过程

1．造型设计

借鉴传统蜡染图案和现代设计理念，根据主题内容进行画面布局安排和造型设计。（图7）

2．熔蜡

石蜡，性脆易裂易现蜡纹；蜂蜡，性粘防染效果好。熔蜡时，根据面料的质地和图案的要求，确定石蜡、蜂蜡的掺和比例，一般应是石蜡多蜂蜡少。可将蜡放在搪瓷锅内或直接放在酒精炉及电炉上加热，也可放在热水中间接加热，使蜡液保持适当温度。

3．绘稿

绘稿前要将布料用洗涤液加水煮1小时，然后用清水冲洗，以除去布料中的浆料和杂质，即为脱脂。阴干、熨干后，用图钉把布料固定在木框上。将设计好的画稿用复写纸复印或直接在布料上用炭笔、炭条绘描。

4．绘蜡

行笔绘蜡，要做到胸有成竹、挥洒自如，以毛笔或蜡刀蘸上融蜡在底稿上进行施绘。绘蜡的工具可根据不同需要而选择，如果是大面积施蜡则可用刷子正、反面涂刷。学会用毛笔的中部和根部绘蜡是绘蜡最易掌握的方法之一。绘蜡完成后，将布料从木框上轻轻取下，以防止画面出现过重的裂纹。（图8）

5．染色

（1）绘染：是用笔将染料直接地绘、画、晕染涂刷于布上，其较浸染更具灵活性、丰富性，还可同时进行多层多色彩和精细的描绘表现，以及喷、洒、泼、印等技巧的运用。一般情况下，绘染多色时，每染一次色后，待染料干后再上蜡，再绘染，重复进行。描绘过程中，将蜡和染料及电熨斗（电铬铁）三者同时运用，既易绘染，又易修改。

（2）浸染：是将绘有蜡的布，浸入染缸使之染色的方法。取下布料先轻轻浸入清水中浸泡几分钟，用热水配好染料（温度不能高于蜡的溶点）加入食盐搅匀，将布料浸入染30分钟，再加入小苏打溶液继续染10分钟。染好后将布料取出，在盆中浸放10分钟，用冷水冲洗，去除布料上的浮色。如果直接染料，那么在染色完之后，需蒸热固色处理，方能增强染料附于布上的坚牢度，以达到耐晒、耐洗的目的。（图9）

6．脱蜡

（1）将染好的布用锅或蒸，通过火加热去蜡。

（2）将白报纸分别放在布的上下两面，用电熨斗进行面底烫热脱蜡。

（3）刀刮揉布

图7

图8

图9

图10

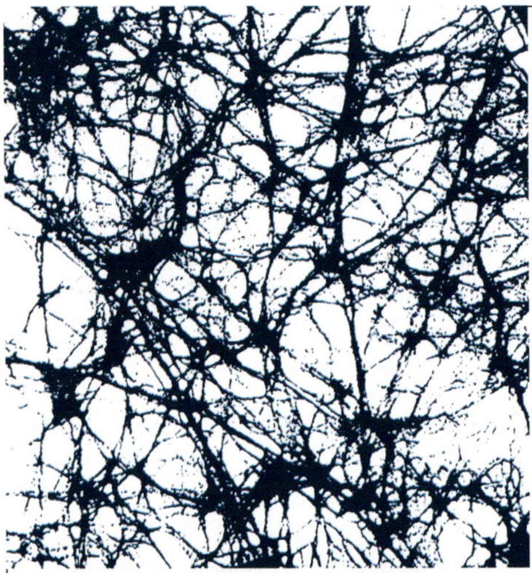
蜡染冰纹

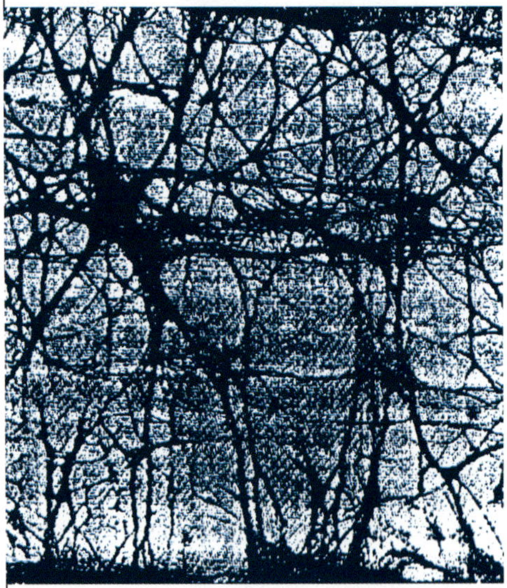
自然冰裂法

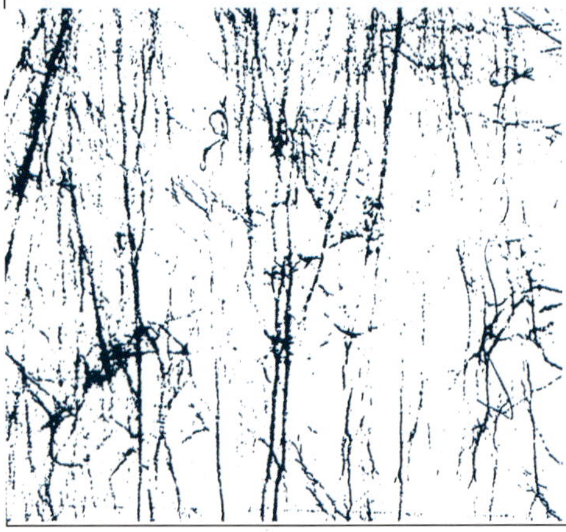
折叠冰裂法

(4) 用汽油和笔刷洗，或将布浸入汽油里10分钟，将蜡彻底清除干净，然后再投入洗衣机内反复漂洗，脱水取出，用布将电熨斗包好，将布料烫平整。(图10)

技法运用

1．蜡法

滴蜡法：毛笔蘸饱蜡液后在物体上敲拍，或物体敲拍笔竿使蜡飞洒在布上，形成大小不一的斑点。浸染——去蜡——滴蜡 再浸染，反复进行。

点蜡法：用铜笔、蜡刀、毛笔蘸蜡点绘。

拖蜡法：用排笔、毛刷通过运笔的书法意念抑扬顿挫且有节奏地或平拖将蜡涂成不同形态或平行的线条，染出烟云、流水等效果。

晕蜡法：用毛刷、粗笔蘸蜡，通过用力的轻重忽按忽提忽飞刷，形成厚薄不同的层次，染色后产生深浅各异和斑驳的纹样。

剥蜡法：将图形纹样用糊料贴在布上，全面涂蜡后，放入水中浸泡，有糊料部位的蜡因水浸泡而剥落，染色后纹样粗犷。

泡蜡法：用蜡描绘好图案再绘染，然后将其平稳地在沸水中浸泡，使部分的蜡熔化脱落，再马上投入冷水中固化，后施染其他颜色，可得到特殊效果。

印蜡法：不同材料（如布料、毛毡）添蜡后滚、擦、印、贴于布上。也可用油纸刻剪成镂空的图案放于布上，再用蜡液涂刷。

刮蜡法：布上涂蜡后，用乱刀、雕刻刀或有方锐器刮刻掉蜡，再施染。

除以上蜡法外，还有泼蜡、刻蜡、梳蜡、浸蜡等画蜡技法。

2．染法

重叠染：绘染时，上蜡——染色（干后）——再上蜡——再染色，反复进行。

墨流法：将牛胆的酒精溶液或盐基性染料的酒精溶液加上阿莫尼亚水混合在一起，再倒入海萝的水溶液中搅拌。两种液体相互交错产生像树木年轮的墨流纹样，每搅动一次纹样就变化一次，最后将混合液倒在布上即可。

拓印法：

(1) 将布面涂擦上干蜡，布底盖在涂有汽油的被拓印的物体上（如古钱币），用物体将布面的蜡磨擦刮涂，接着绘染。

(2) 以物体的纹体，涂上染料直接拓印上布。(如木纹理、石纹理、砖纹理等)

折扎法：用线（纱、绳、布条）将布捆扎，或将布施以不同的折叠后，放入染缸浸染和蘸染，打开布后，捆扎之处留下线扎的白痕。由于布的折叠、线的捆扎不同会产生各异的纹样，如同扎染一样。

漂色法：将漂白液加热至20℃，将其施涂于染色的地方，或将染布浸漂于该液中，然后用水冲洗。这样可将不需要的染色漂去，留下斑彩。

喷水法：当需要大面积均匀染色时，可用喷壶装水将布喷湿，再用宽阔的笔施染。

喷色法：将喷笔或喷壶装上染液，直接喷在布上，也可略撒上沙子再喷，产生雾状和黑白的细小斑点的效果。

制作实例

冰裂纹：

(1) 浸染时，用木棒搅动，使涂蜡绽裂，染料渗入裂缝产生纹样。

(2) 布涂上蜡后，用手、尺子或其他物体在蜡面或底部进行施压拍打，亦可将布卷起随意扭折。

(3) 先在布上涂有稀胶水或肥皂水，去掉多余水分，用较热的熔蜡涂绘其上，冷却后轻轻磨擦，则会产生冰裂纹，此法宜绘染。(图11)

敲打冰裂法

捏皱冰裂法

图11

中国结

ZHONGGUO JIE

“中国结”历史悠久、源远流长，是中华民族特有的民间手工编结装饰品。随着人类的发展而逐步变化、日益丰富，并在原有的实用性基础上发展为一种用于交流感情、传递文化、比兴寄语的吉祥装饰物，越来越受到人们的喜爱。它不仅造型别致、装饰效果华丽、技艺精湛，而且有着非常丰富的文化内涵和古朴的艺术品位，是雅俗共赏的民间艺术瑰宝之一。

“结”作为一项古老的技艺，它有最基础的、完整的单体绳结，即“基本结”，从某种意义上讲“非此不成结”，是最基本的不能再分解的独立结构单位。

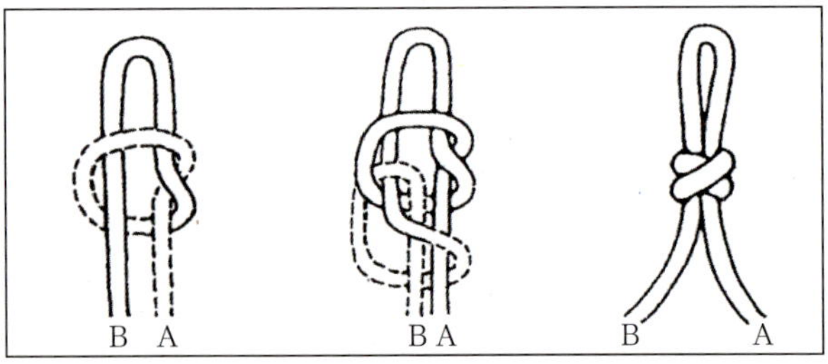

图1 双扣法

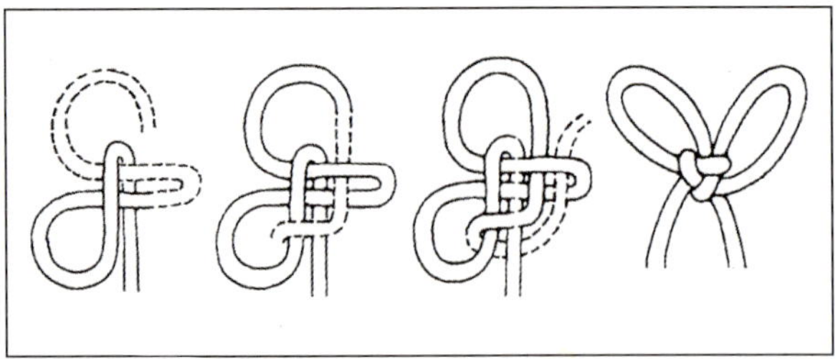

图2 双环结

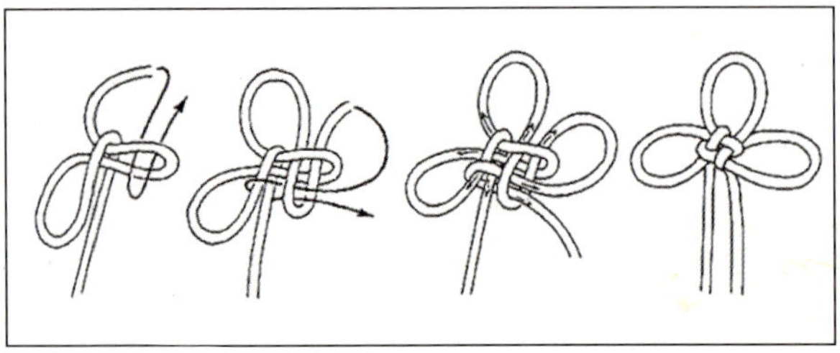

图3 酢浆草法

基本结

双扣法：编法很像我们平时打的所谓的“活扣”。其结形简单、小巧且不易松散，所以常作为组合结的起始或收尾。（图1）

双环结：（图2）

酢浆草法：此结用途甚广，因它是一个线头进行穿插编制的，所以在编任何一个带环耳的花结时，都可在上面做一些结，以增加变化。（图3）

环扣结：

双钱结：双钱结用处很广（图4）。将双钱结线头相连即为桂花结，走双线或多圈编制即可得到很好看的玫瑰花造型。先取4号斜纹线编，按单线双钱结的方法绕两圈，把线尾藏在双钱结的后面，拉紧、整形，将结形成球状作为花芯。再用一根线绳编单线双钱结、双线双钱结、三线双钱结。然后将花芯穿过单、双、三线双钱结扎紧、整形就完成了玫瑰花的编法。

发饰结：（长双钱结）。（图5）

同心结：同心结是一种古老而寓意深的花结。由于其两结相连的特点，意寓“永结同心”。（图6）

万字结：将“同心结”中间的两根绳按图示箭头向外拉，即可变化出“十”字形，也就是“万字结”。（图7）

草花结：草花结是一种流传久远、甚为常见的花结。（图8）

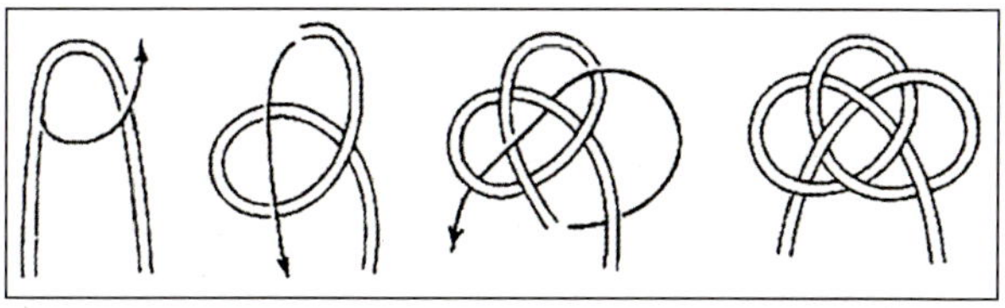
图4 双钱结

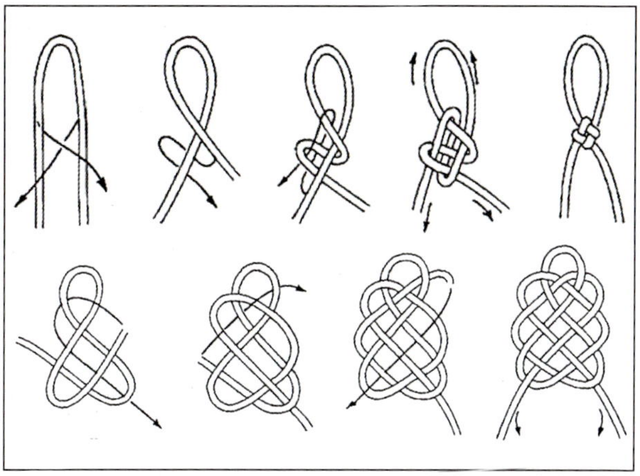
图5 发饰结

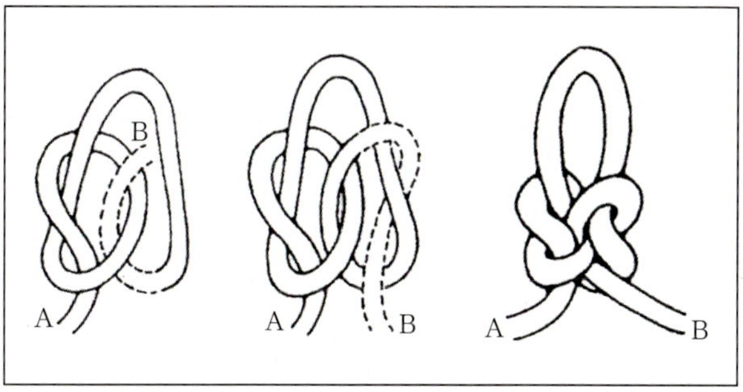

图6 同心结

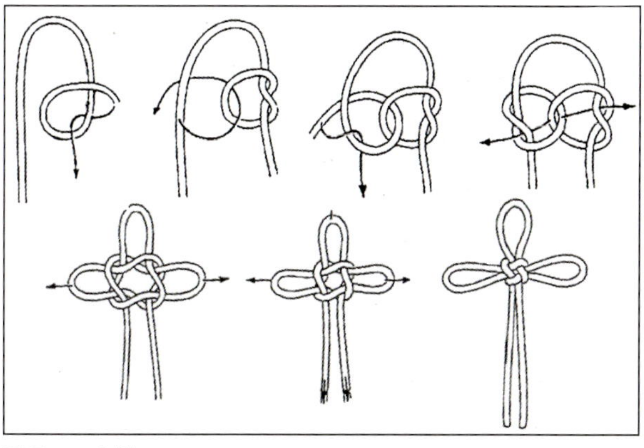
图7 万字结

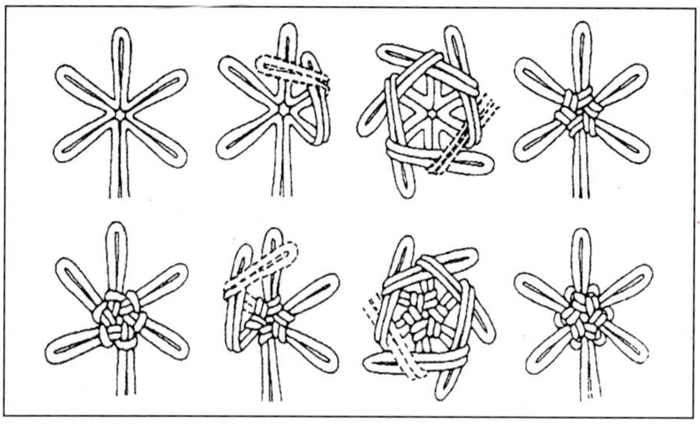
图8 草花结

图9 吉祥结

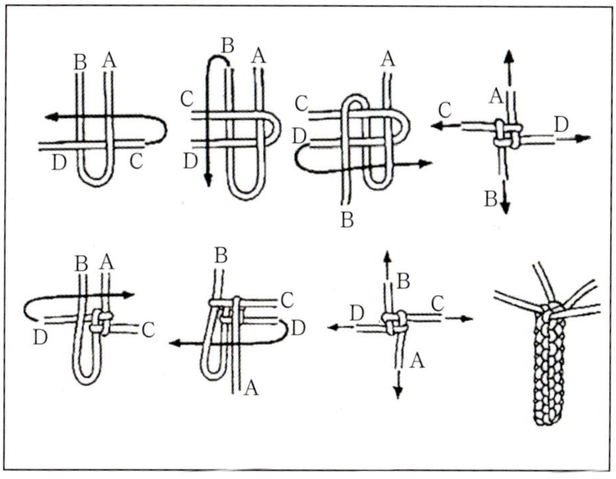

图10 方形

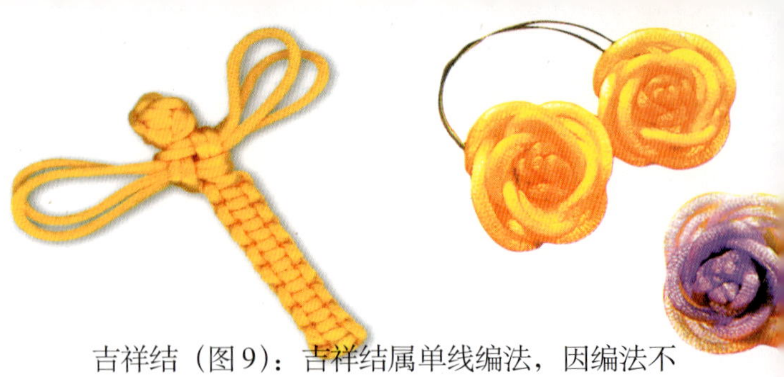

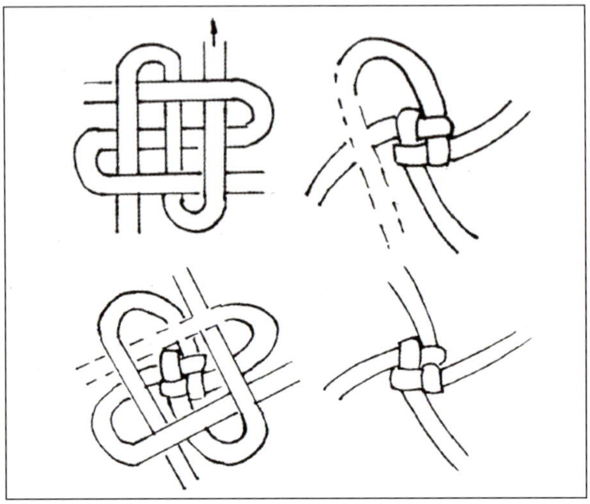

图 11 圆柱形

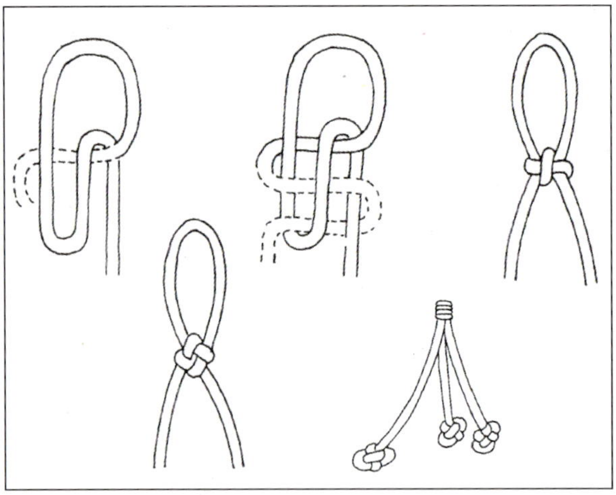

图 12 十字法

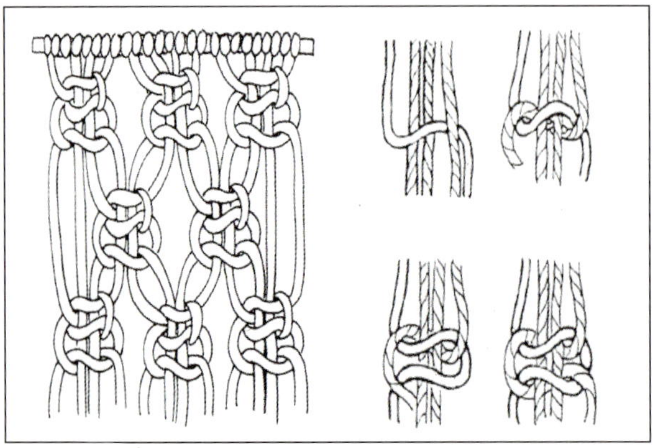

图 13 平结

吉祥结（图 9）：吉祥结属单线编法，因编法不同可编出方柱形和圆柱形两种。方形为第一圈顺时针编，第二圈逆时针编，如此重复（图 10）；圆柱为顺一个方向重复编结。（图 11）

十字法：（图 12）

平 结：平结的用途甚广，除了可用来连接粗细相同的绳索外，也可以连续数十个平结编制成手环、项链，还可以编制动物图案。（图 13）

盘长结：如（图 14），盘长是佛门“八宝”中的第八品佛，故而得名。盘长结的结形曲绕、优美，结构致密，结体结实，除单独使用外，还有许多变化和搭配，以至演变出长盘结、磬结、方胜结、鲤鱼结、蝴蝶结等结饰。（图 15）

琵琶结：（图 16）

学会了这些基本的中国结，便可以灵活运用编制结饰工艺品。

基本结的延伸

将琵琶结的多余部分剪去，用百得胶粘好，就成了琵琶结扣。穿上一根长绳，就形成琵琶结领带。还可以在正面钉上珠子，装饰成多种琵琶结娃娃。（图17）

将菊结下端剪开再接上，为装饰结。（图 18）

学会打云雀结后，可连续编结成圆形的装饰环或连续耳边的挂饰。（图 19）

依照编织的手法，我们可以用厚牛皮编制漂亮的发夹。（图 20）

我国服饰的传统结扣——算盘结。（图 21，其中“△”表示弯向上，点 C 为绳的中点）

后面是采用算盘结制成的各种衣服装饰结扣。

将较粗的绳并列三四股，按梅花结的编法编好后，再剪头收口，用百得胶粘牢，就做成了杯垫。如果将收口绳再扎成把，又做成了一个小被拍。梅花结摆平或收紧，还可以加工做成多种小挂饰工艺品。

中国结饰的内容是极其丰富的。有人曾说过，至今中国结的基本结还没有人能全部掌握，更不用说变化结的千变万化了。有兴趣的朋友们，你不妨也来研究研究中国结。

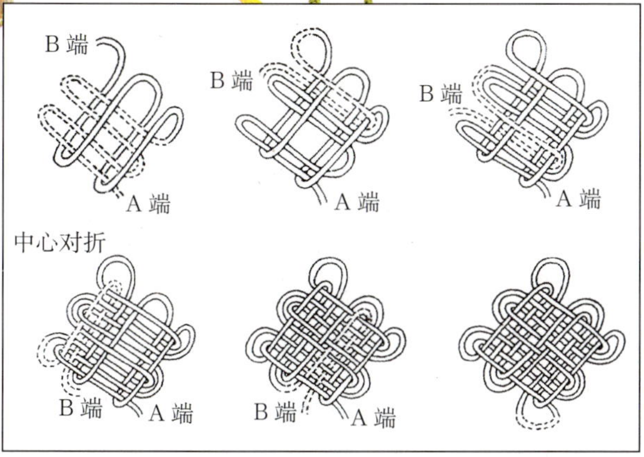

图 14　盘长结

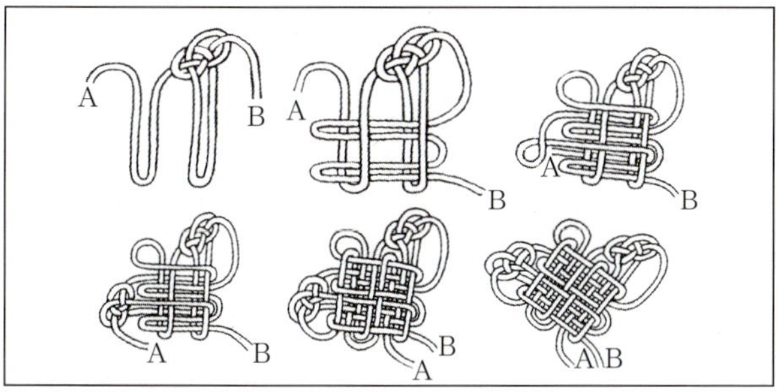

图 15　蝴蝶结

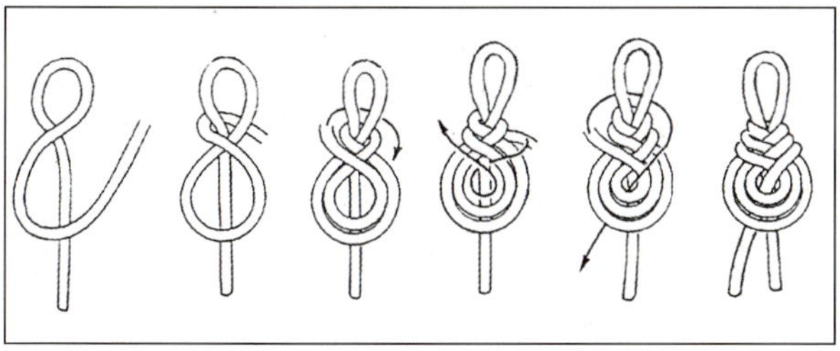

图 16　琵琶结

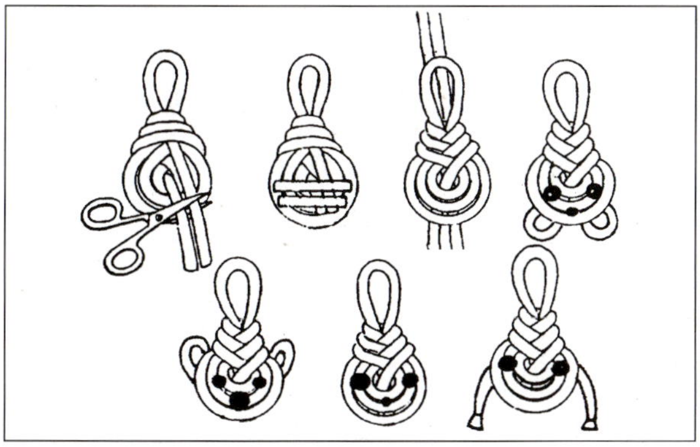

图 17　琵琶结娃娃

图 18　装饰结

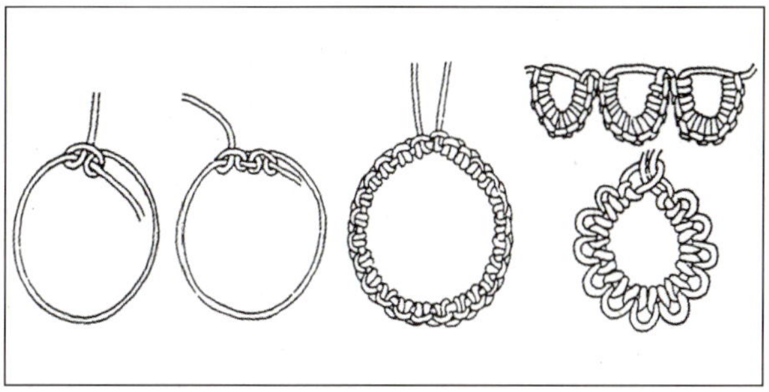

图 19　云雀结

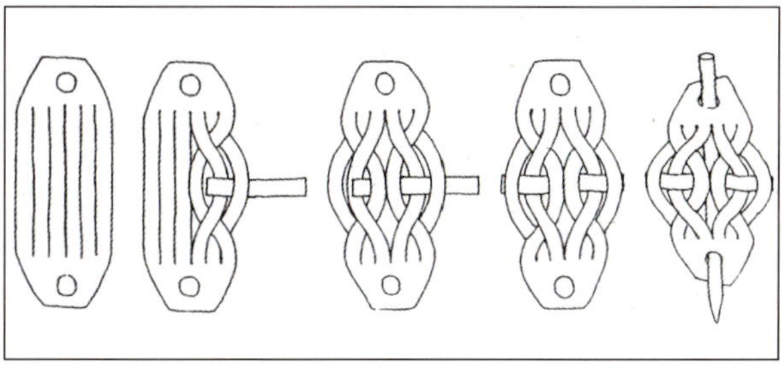

图 20　发夹

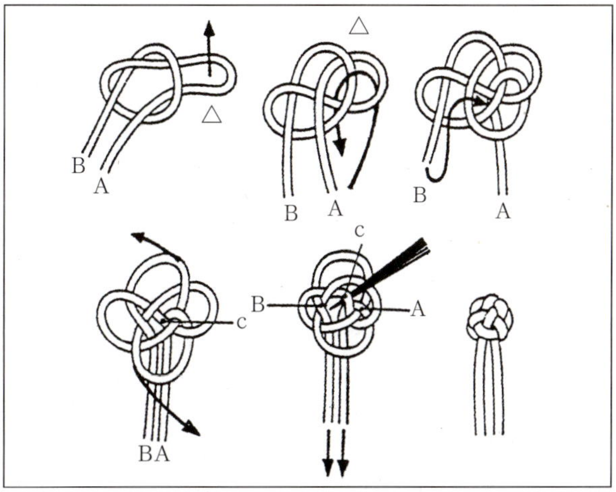

图 21　算盘结

纸 版 画

ZHIBAN HUA

图 1

图 2–1

图 2–2

图 2–3

纸版画是版画艺术中特别适合青少年制作的版画形式。它利用最简便的工具（剪刀）、材料（纸张），剪贴制成具有一定凹凸层次的底板，通过拓印，可以印制多份相同的纸版画作品，是取材方便、制作容易、效果良好的版画种类。

制作原理

工具与材料

工具：剪刀、刻刀、圆珠笔、滚筒、刮刀、瓶盖、调羹、海绵块、画笔等。

材料：各种纸张、吹塑纸、乳胶、胶印油墨、浆糊、颜料、过滤纸、棉线等。

制作步骤

1．绘稿

纸版画和其他艺术形式一样，是人们表现生活、表达感情的一个途径。选择自己熟悉的和喜爱的题材画出画稿，可以自由创作，也可以为了学习技法进行临摹和改画。画稿可以是写实的，也可以是变形、抽象的，要有感而发、生动有趣，还要注意构图和形式美规律。（图 1）

2．制版

根据制版凹凸层次需要，把画面形象分成若干部分，用复写纸转印到纸板上，分别用剪刀剪下后拼贴，使之成为有高低层次和凹凸变化的版面，这个过程与拼贴画非常相似。（图 2–1～3）

3．印制

在底上均匀的滚上胶印油墨或涂上颜料，覆上印纸，然后用手或一些光滑的用具反复研磨拓印，直至画面效果理想为止。（图 3–1～3）

制作方法

利用拼贴等各种手段，形成有凹凸形象的底板是纸版画造型的基础，而通过拓印产生的画面效果和形式美感是一般手绘作品所不能达到的。

一　纸版画的造型方法

1．拼贴法——面造型

拼贴法是纸版画最基本、最常用的制作技法。

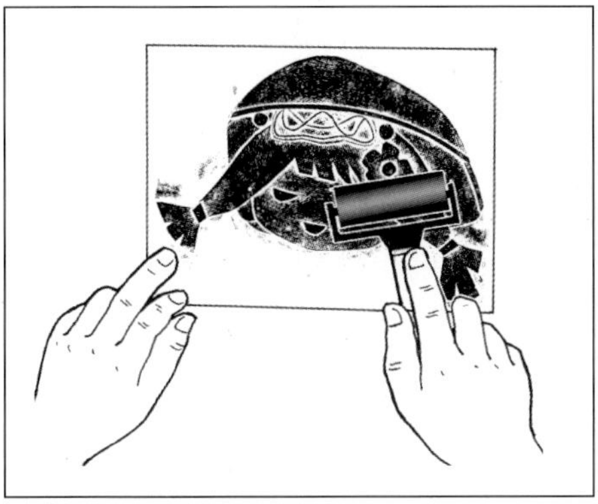
图 3–1

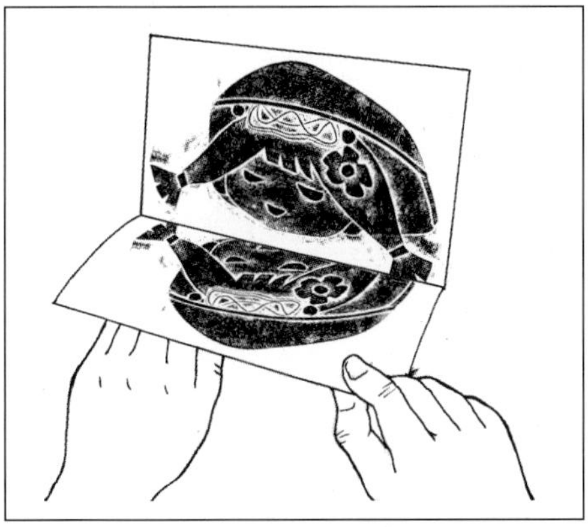
图 3–2

图 3–3

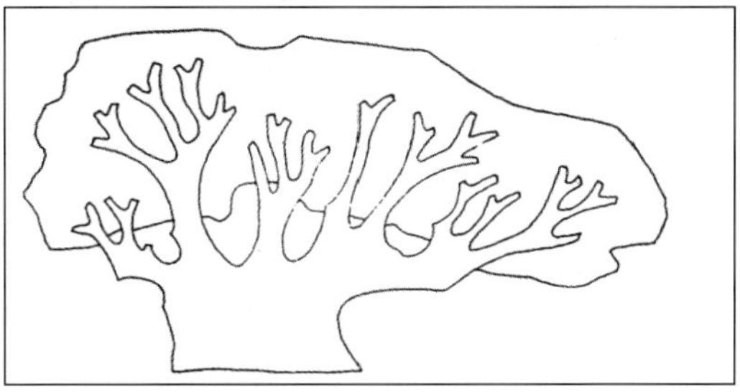
图 4–1

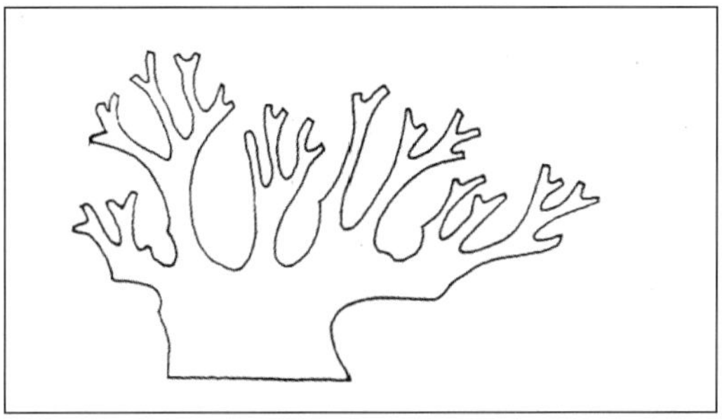
图 4–2

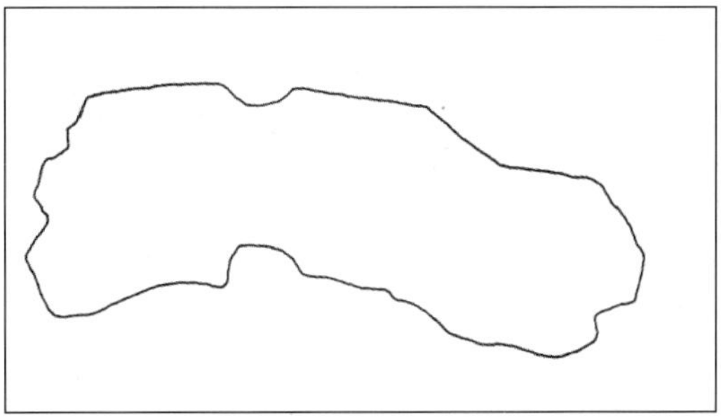
图 4–3

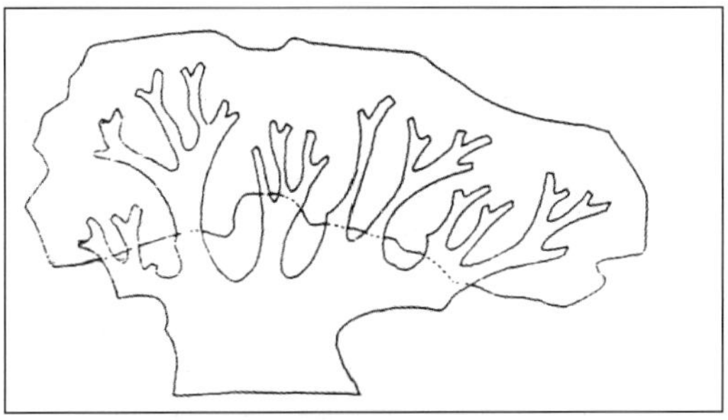
图 4–4

图 4–5

用类似于拼贴画的方法，按照形象的轮廓线分版剪下，再根据造型的需要进行叠贴或平贴。轮廓线通过剪下的纸板边缘和纸板重叠后印制时留出的空白来表现，是用面来表现造型的方法，简洁明快、黑白分明。轮廓线有虚有实，具有纸版画特有的艺术效果。（图 4–1～5）

图 5

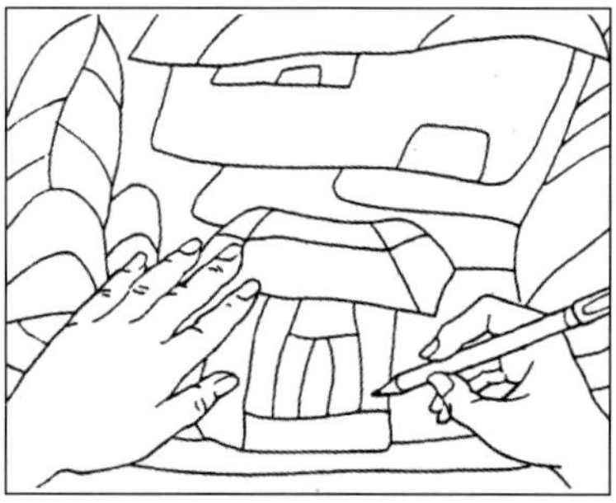
图 6–1

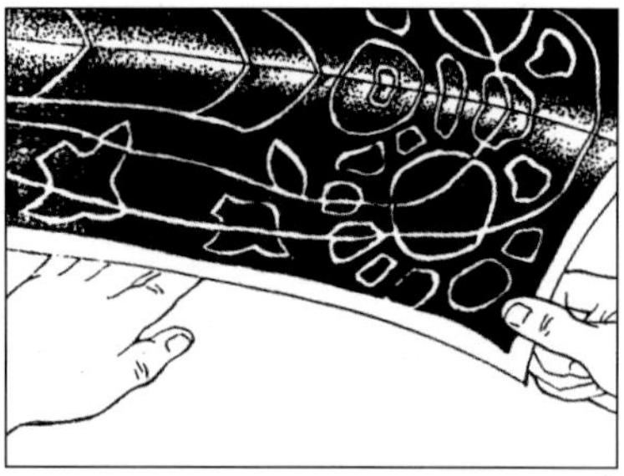
图 6–2

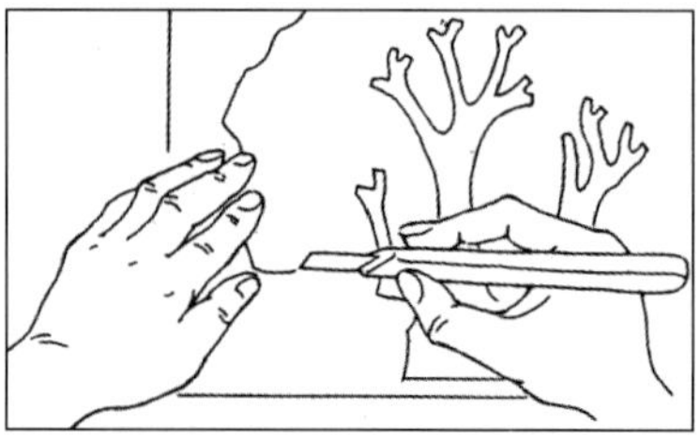
图 7–1

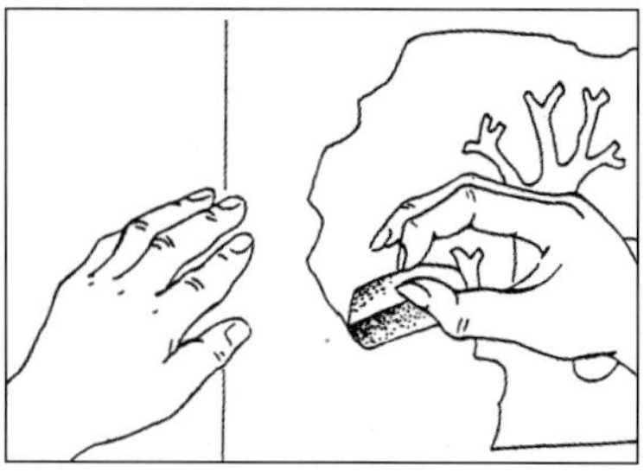
图 7–2

2．贴线法——线造型（黑线）

贴线法适合表现画面中较多、较流畅的线条，可用粗细适中的棉线涂上乳胶，顺着轮廓线粘贴在底板上，也可以先在底板上涂乳胶，再粘贴棉线，最后在棉线表面涂上乳胶起封固作用。（图 5）

3．刻线法——线造型（白线）

这是纸版画技法中最直接、最简易的方法，可产生留白线的效果，是吹塑纸版画最主要的技法。只需要用圆珠笔在底板上用力画划出凹线，就可以产生阴刻留白的效果。（图 6–1，2）

4．撕纸法——面的虚实

撕纸法是在拼贴法的基础上，撕去画面某些部分的表层，露出撕纸产生的自然的粗糙表面，印制时就会出现虚实和浓淡的变化。有时还可以直接用刀刮出粗糙的感觉，达到同样的效果，又称“刮纸法”。（图 7–1，2）

5．揉纸法——面的肌理

揉纸法是纸版画技法中最吸引人的方法，纸张经过反复搓揉之后，会产生丰富、美观、偶然的肌理效果。具体方法是用宣纸或其他薄纸充分揉皱以后展开，保持原有的自然皱纹平贴在纸板上，再刷一两层稀乳胶，保持表面的硬度，干后待用，凡需要肌理的地方，剪下拼贴即可。（图 8～13）

二　纸版画的印制方法

版画的印制水平直接关系到作品的画面效果，因此，印制是和绘稿、制版同样重要的步骤。纸版画根据使用材料的不同，可分为油印和水印两大类，各自又可分为单色和彩色两种。油印是运用油性颜料印制作品，一般使用印刷油墨；水印是运用水性颜料印制作品，一般使用水彩、水粉颜料。彩色油印在版画中称为套色版画，需要根据画稿的彩色要求，分别制作，然后一块版一块版的印。印版和印制的边角上要做好标记（规线），以保证套色的准确，其要求比较高。由于彩色油墨比较难找，因此，我们着重介绍单色油印和简易的彩色水印的印制方法。

1．单色油印

单色油印的油墨比较理想的是牡丹牌胶印油墨，这种油墨细腻、快干，不会产生渗油现象。罐装的胶印油墨比较稠，可用少量的松节油或调色油稀释，在玻璃板上用油墨滚反复推滚，使油墨调得均匀适宜，并有一定的撕拉感和粘性。

用油墨滚推滚，使油墨均匀地布满底板。由于纸版画的底板凹凸不平，因此油墨滚的宽度不宜过大（5~8厘米），未尽之处可用自制小印扑做局部补充。(小印扑的制作方法：将海绵切割成小块，用食品袋薄膜包扎好即可。)

把印刷纸张覆盖在底板上，用手轻轻抹平，然后用手、木蘑菇、光滑的瓶盖或金属调羹反复研磨。磨印可先从主要的、精确的部位印起，再扩印到其他部位，或边印边掀起察看，以便判断局部和整体效果是否达到要求。如果遇油墨不足，可再加墨，直到满意为止。

印制时要注意整体的浓淡、虚实关系，不要平均对待，要突出视觉中心和主体。(图 14)

2．彩色粉印

彩色粉印法是水印纸版画的

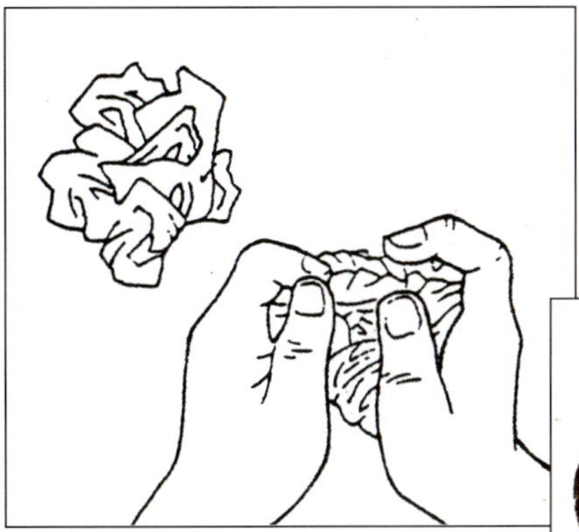
图 8

图 9

图 10

图 11

图 12

图 13

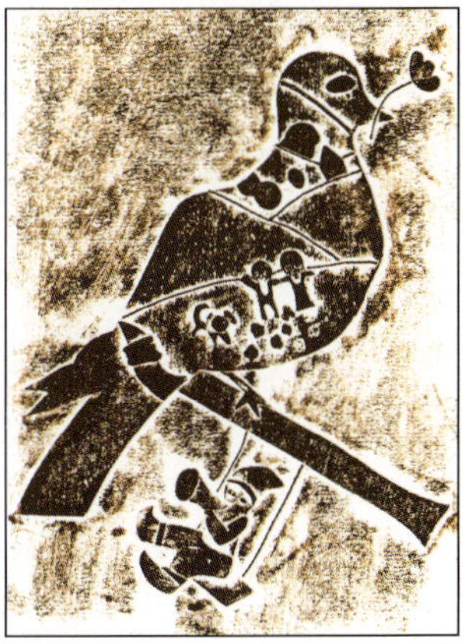
图 14

图 15

图 16

图 17

一种，用覆盖力较强的水粉颜料进行拓印，采用深色或黑色的印纸效果特别好，具有色彩丰富、厚重的特点。为了制作方便，彩色粉印的纸版画可以采用一版多色法，即在一块底板上分段分色拓印，局部涂色，局部磨印，直到完成。

印制时，将印纸覆盖在底板上，用压、贴、夹等方法固定纸的一端，防止在反复拓印时移动位置。在拓印的过程中，可随时翻开局部看效果，可以重复拓印，还能表现色彩的变化。同时刷两种颜色，一次磨印即可；也可以分前后刷两次色，层叠印制而成，这样的方法色彩更丰富，表现渐变更有效。

注意，如果在深色纸上，印比较淡的颜色，一般都要加入白色；相反，如果印在白纸上，颜色要普遍采用较深一些的。此外，颜料要适当较浓，水分要少，涂色时面积不要太大，否则颜色容易干。（图 15～17）

拓展探索

在纸版画的发展过程中，对于表现方式的不断探索，表现力的日益丰富，它几乎包含了凹、凸、平、孔的版画特点及技法语言，更具备了与其他版画品种进行综合表现的特征。

一　纸材的综合表现

纸材的厚、薄、粗、细、软、硬等各种质地，通过搓、揉、捏、撕、剪、叠、刻、刮等手法，可以形成各种自然纹理，大大地提高了纸版画的表现力。（图 18）

二　综合材料和实物拼贴

有些平面实物具有丰富的肌理效果，如布料、树叶、线绳、编织物、树皮、装饰壁纸等，经过剪贴也可用来印制纸版画，只要利用得好，都能产生独特的艺术效果。（图 19）

三　版画的种类

1．对印版画

对印版画具有游戏性和偶然性，是利用颜料对印来产生丰富的肌理，以此达到独特效果的一种印制方法。对印版画效果不可预料，因此不能获得多份同样的作品，有专家认为这一点不符合版画的要素。对印版画随意、自然、独创和奇幻莫测的肌理效果，能唤起感情深处的震憾，给人以美的享受，值得我们去尝试和实践。

对印版画一般用浓度较大的颜色刷于玻璃板、塑料板或光滑的纸面上，再用光洁和吸水性小的纸（如铜版纸）对印。由于印版和印制都不吸水，颜色不会立即吸收，利用这个特点在印纸揭起时或快或慢地变换方向、移动位置或提拉，使之形成山峦沟壑般变化奇特的肌理，且自然生动趣味无穷。

对印版画在制作过程中可变化的空间相当大，纸张选用的不同（进口白版纸、铜版纸、铜版卡纸、玻璃卡纸等），水分多少的不同，形成颜色的干湿浓淡厚薄的不同，对印时的轻重不同，起纸时的快慢、方向、旋转、节奏、停顿的不同，所对印出的画面效果就不同。

对印版画的偶然性较大，有的像山峰、岩石、树林、草地，有的像天空、闪电、波涛、水纹、沙滩，一般需要根据肌理的特点进行裁剪、添加等艺术处理，最后成为一张完整的作品。（图 20）

2．吹塑纸版画

吹塑纸版画是以吹塑纸为板材的纸版画。吹塑

图 18

图 19

图 20

图 21

图 22

纸具有一定的厚度，质地轻而柔软，易于制作，铅笔、圆珠笔等尖而不锐的硬物轻易便可在上面刻画图形的凹痕，因此，刻线法是吹塑纸版画的主要技法。（图 21，22）

吹塑纸版画一般采用在同一版面上，涂上多种色彩，拓印出彩色。

用圆珠笔在吹塑纸上刻画时不要用力过猛，以免划破纸板。油印时，在底板上滚墨要注意朝着一个方向慢慢滚，不要来回滚，更不要用力过猛，以免把纸板弄坏。吹塑纸表面有一层油性物质，采用粉印法时，要先对版面进行处理，最方便的就是用毛巾蘸少量洗洁净擦拭整个版面，也可以用少量洗洁净调入洗衣粉、肥皂水。

3．抽象意味的纸版画

充分利用纸版画的肌理效果，降低写实的要求，以表现主观情绪和形式美感为主，在制作的过程中体验抽象表现的美感，逐步理解和掌握素材与作品的关系，学会选择、打散与重构，考虑前后、黑白灰与大中小的对比，运用渐变与突变，疏密、重复与节奏等变化。（图 23）

通过纸版画制作既可以体验动手的乐趣，也培养造型的表现能力。而且，纸版画的形式和技法是不断发展的，只要我们经常总结经验，灵活运用，就可以创造出新的方法和新的形式。

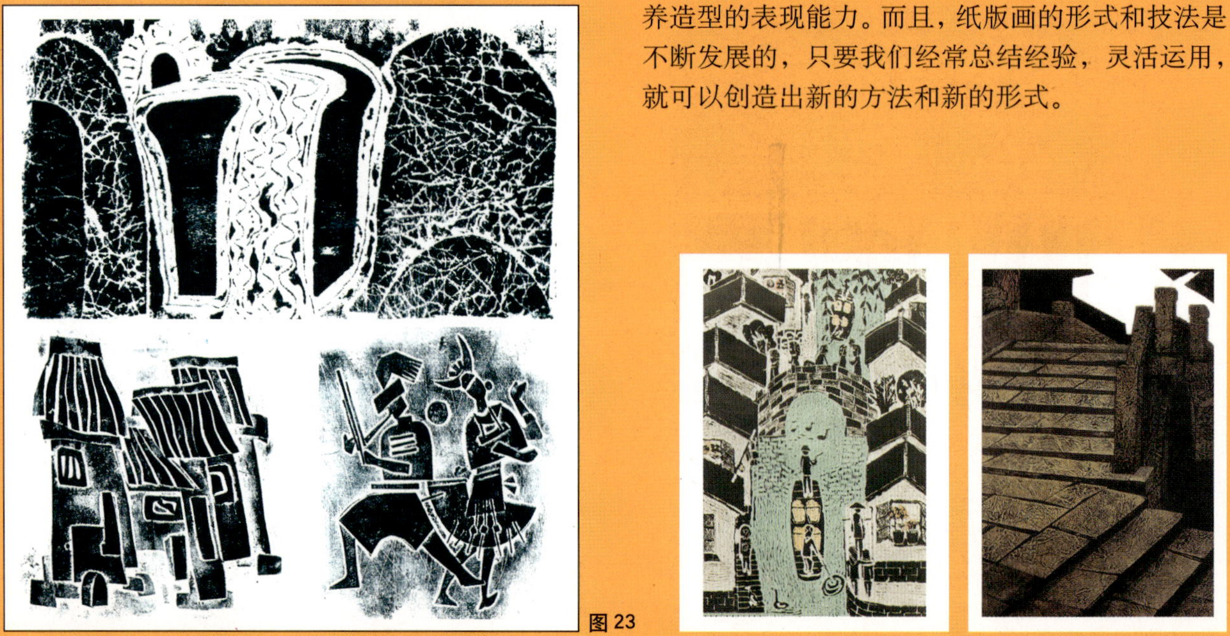
图 23

藏书票·书签

CANGSHUPIAO SHUQIAN

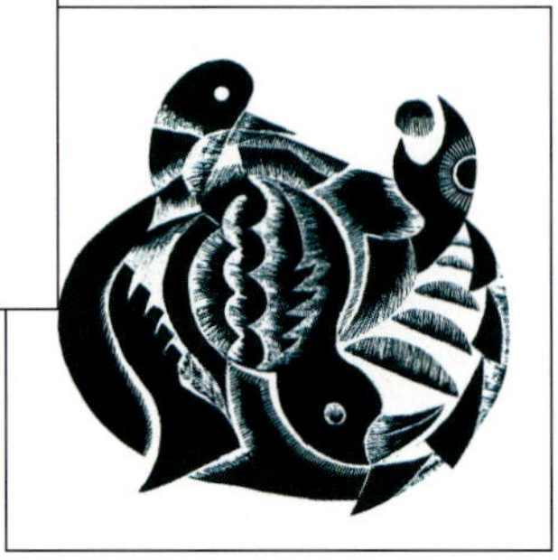

藏书票和书签是一种与藏书、读书相关的，具有实用性和欣赏性的袖珍艺术。自己动手制作有个性的藏书票和书签，可以提高藏书和读书的品位与情趣。

藏书票

藏书票，是藏书的标记，是藏书者的信物，一般贴在藏书的扉页。藏书票不仅对藏书有装饰美化作用，也促进了人们对读书、爱书和藏书的热情。

藏书票最早从欧洲兴起，最早的藏书票是1450年一位德国人制作的。约在20世纪30年代初，随着西方版画传入我国，由于它的实用性与艺术性紧密结合，与我国传统的藏书印、收藏章遥相呼应，所以几十年来，特别是改革开放以来，得到了很大的发展。

藏书票要求图文并茂、含蓄隽永，实质上是知识性、趣味性的小型版画。藏书票尺寸虽小，却可以反映丰富多彩的生活，表达作者的情感，有着丰富的内涵。藏书票的形式以版画为主，有黑白木刻、套色木刻、水印木刻、丝网版画、纸版画、吹塑纸版画、石膏版画等。

制作原理

藏书票是贴在书籍扉页上作为藏书标记的小印刷品，尺寸一般在7厘米×7厘米、7厘米×10厘米左右，小巧精致，被誉为“版画珍珠”。票面上印有书主的姓、名、字号等，并常印有“EX—LIBRIS”字样，这是拉丁文“藏书”的意思，表明书籍的归属应受到合法权益的保护。

藏书票是图案与文字并重、实用与审美共存的特殊艺术品，是作者思想、艺术修养和制作技巧等多方面因素的具体体现。藏书票的构思一般紧扣藏书、读书、爱书这一主题，具有一定的文化内涵。在设计上注重风格个性化，尺寸虽小却可以借物抒怀、托物言志。注意保持画面的简洁大方，形式的多样化。

制作方法

藏书票最常见的形式是版画，主要有木刻藏书票、纸版画藏书票、吹塑纸版画藏书票、丝网版画、

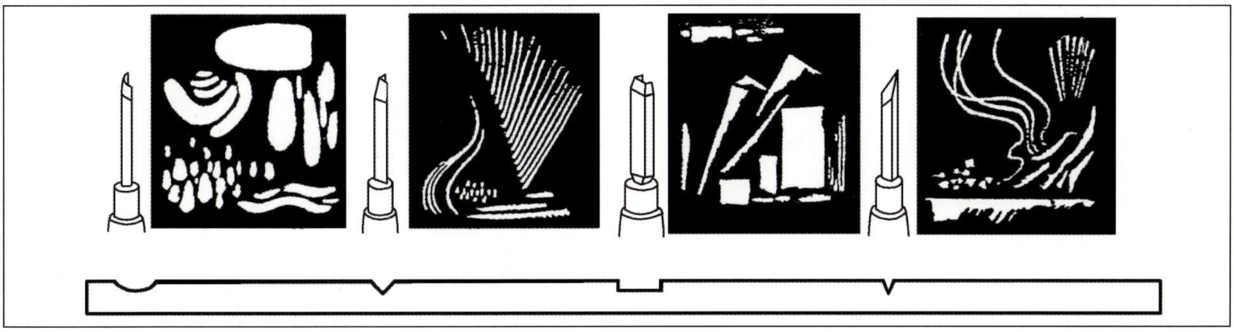

图 1

藏书票等。

一　木刻藏书票

木刻藏书票分黑白木刻、套色木刻、水印木刻三类。

1．黑白木刻

黑白木刻又称单色木刻，是指用刻刀在木板上直接表现创作意图，是采用黑色油墨印制的版画作品。其特点是黑白分明、简洁肯定，是藏书票主要的表现方式之一。

黑白木刻制作的步骤一般为：起稿——上版——刻制——印刷。

刻制是版画的关键步骤。动手前先考虑一下整体效果，做到心中有数。一般的方法是由浅入深，先刻最亮的地方，再处理灰色和深灰色。木刻刀具主要有圆口刀、三角刀、方口刀、斜口刀等，要讲究刀法的组织，产生所谓的木刻刀味，得到活泼、生动的艺术效果。（图 1，2）

2．套色木刻

套色木刻是以两种以上颜色套版印刷出来的木刻版画，一般是指油印套色木刻。其制作方法和黑白木刻基本一样，只是套色木刻的每一种颜色都需要有一块相应的版面。（图 3）

3．水印木刻

水印木刻是运用水性颜料印制的版画，我国有悠久的水印木刻历史，它吸收了中国绘画的某些技法，具有简洁、滋润、明快的艺术效果。套色印制的顺序是：透明水色先浅后深，不透明水色先深后浅。（图4）

图 2　黑白木刻

图 3　套色木刻

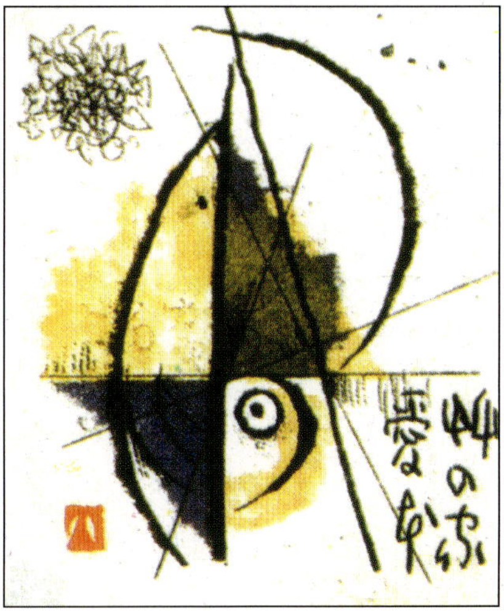

图4　水印木刻

图 5

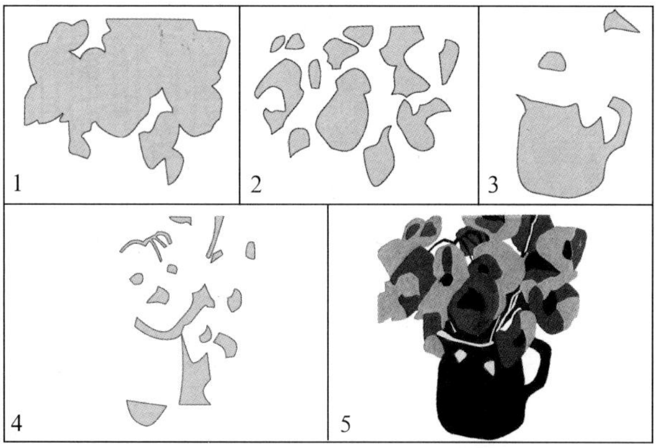

图 6

图 7

二　纸版画藏书票

纸版画藏书票工具、材料简便，而且形式多样，表现力也很强。纸版画藏书票的具体制作技法可以参照本书的纸版画章节，这里仅作简要的介绍。

纸版画藏书票篇幅较小，制版用的纸张不宜太厚，一般选卡纸、白版纸比较合适，便于进行较为精细的剪贴和制作。技法主要采用拼贴法、刻线法等。

纸版画藏书票的制作步骤：画稿——分解——复印——剪贴——印制。

画稿要简洁明确，主体突出，然后根据拼贴需要，对画面图形的重叠部分进行分解，并用复写纸复印到纸板上，依次剪下后拼贴，使之产生成为有高低层次的底板，最后用油墨、水粉颜料等印制。(图 5)

三　镂空版画藏书票

我国民间的蓝印花布是运用镂空版印制的，其原理影响了当今国际上最盛行的丝网版画。两者都是在印刷过程中墨色料穿过网板的孔眼漏泄在画面上的一种版画，又称孔版画。丝网版画的表现力强，清晰精致，适应性强，但对工具材料和制作技法的要求都相对高一些，因此，在这里主要介绍操作简便的镂空版藏书票。

首先设计好画稿，由于刻制镂空板的局限，画面图案要简洁。然后根据画面的色彩需要分成几块版面，分别将图案复印到纸板上，用刻刀或美工刀把图案镂刻出来，注意边缘要流畅、光滑。一般的卡纸、牛皮纸最好用清漆刷一下，可以使印版反复使用，透明的薄塑料片比较适用，特别有利于印制。最后是印制，做好对准版面的记号，选择大小适中的油画笔刷，蘸上适量的颜料，轻轻的沿着纹样的轮廓往里拓色，将颜料涂满所有的镂空纹样。(图 6)

目前又把藏书票技法拓展为拓印、剪纸、电脑制作等，使藏书票的形式更加多样，制作更加简便、画面效果更加丰富，也更适应青少年学生学习。(图 7)

书签

书签是为标记阅读到什么地方而夹在书籍里的小卡片。书签大多用硬质卡纸制成，现在市场上有售各种质地、颜色和花纹的纸张都很适用。用剪刀、刀、笔、颜料，再加上一些不起眼的废弃材料，就可以制成精美的书签。(图8)

制作原理

1. 直接绘画

在长方形或其他各种形状的卡纸上直接绘上装饰图案，或贴上自己喜爱的粘纸，然后打孔，扎结丝带，便可制成一个漂亮的书签。(图9)

2. 玻璃转印

在玻璃或塑料板等光滑的表面，用颜色大略画出形象，以随意、朦胧的抽象图案为主。然后用卡纸覆盖在上面，轻压一下撕开，转印至卡纸上颜色会出现偶然多变的肌理，干后再进行取舍剪裁，别有一番趣味。(图10)

3. 彩纸剪贴

运用各种彩纸、彩色挂历、彩色包装纸、即时贴等进行剪贴拼贴，是一种简便而效果较好的形式。可以先画好图稿，再有目的地选择材质进行剪贴；也可以随意剪贴，即兴创作。注意巧妙地利用彩纸，特别是彩色图片纸。此外，如何选择好适合的色块，也是非常重要的。(图11)

4. 其他材料剪贴

选择不同形状、色泽的植物叶片，直接或略加修剪粘贴到卡纸上，再适当加以绘制，即成植物贴画书签。(图12)

用毛线、碎花布等纺织材料，参照布贴画、线纱贴画的方法，也可制成书签。贴制这些书签要注意构图简洁、色彩协调、压制平整。

5. 丝线缠绕

先用卡纸剪成近似三角形的形状，在三边剪出缺口，用丝线缠绕，便制成了美观且具有装饰性的三角书签。

此外，可以用卡纸剪成圆形、六边形等对称的几何形，在其周围剪出匀称细小的缺口，用单色或

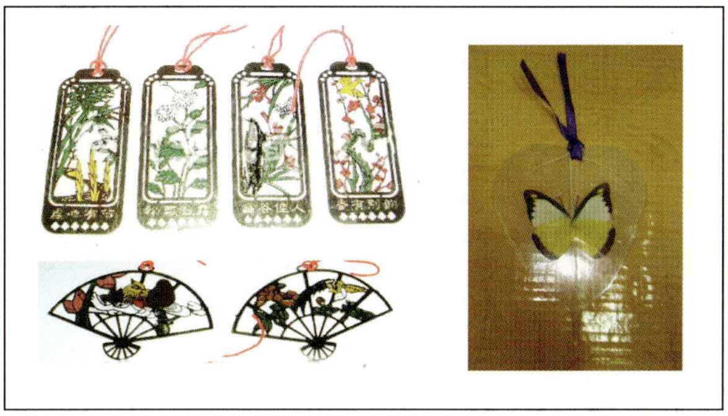

图8

图9

图10

图11

图12

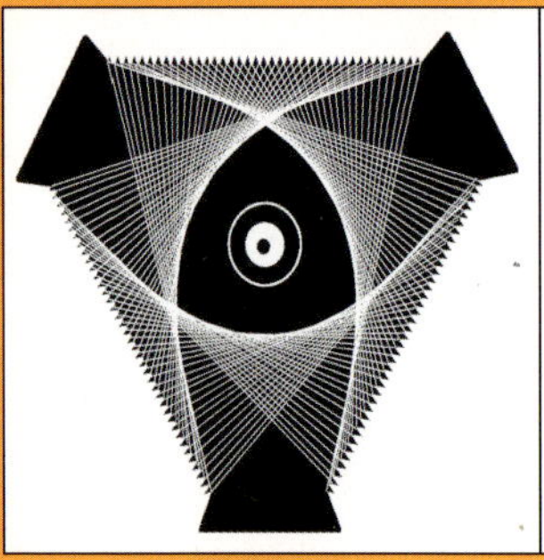
图 13

图 14

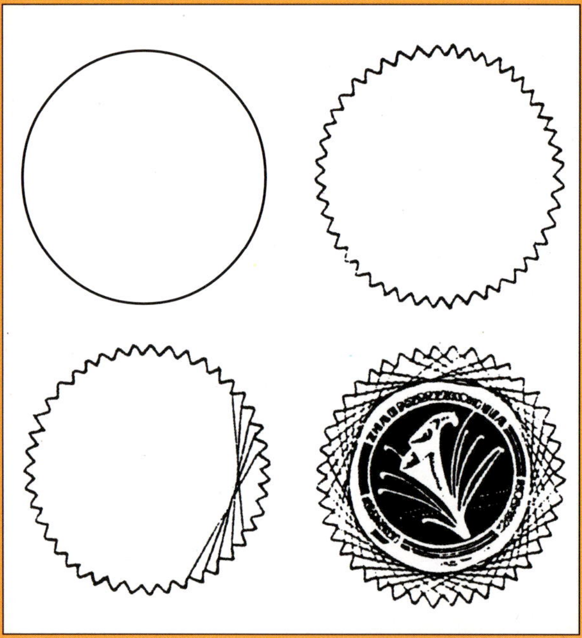
图 15

多色丝线，按照一定的顺序进行缠绕，再在图形的中心适当绘画或剪贴，即可做成书签。(图13～15)

制作方法

1. 叶脉书签

选择完整的树叶（最好是桂花树叶，冬青树叶），洗净放在5%的氢氧化钠溶液里煮沸几分钟。取出后放在水盆里，用牙刷轻轻刷洗双面，刷去叶肉，只剩叶脉，晾干即成叶脉书签。还可用彩色墨水染上各种颜色。

2. 折纸书签

运用彩色纸、花纹纸、皱纹纸折叠成的日本少女形象，是一款很有特色的书签。首先分别折出人物的各个部件，用皱纹纸做成逼真的发型，彩纸做成符合的腰带，拼合起来非常完美和谐。头发、衣饰和外形适当进行变化，就可以制出多种书签，需要注意的是，这种书签是以简洁、夸张为特色，不必过多注意细节。(图 16)

3. 切折书签

纸张通过切折，产生形态别致的立体造型，具有独特的审美效果。切折书签可以折叠平整夹在书中，当你打开时，图形可以自然立起，有意想不到的感受。(图 17)

书签的绘画、剪贴的题材丰富多样，人物、动物、花卉、风景均可。

书签的外形以长方形为主要形式，还可以设计成椭圆形、梯形、圆形、半圆形等多种形式。

图 16

图 17

染纸

RANZHI

染纸是我国传统的民间工艺美术之一，它主要吸取民间扎染、蜡染的制作原理和技法，将吸水的纸张经过折、扎、卷、夹、搓、揉、挤、冲等手法的加工，并通过浸、点、晕、刷、洗、吹、泼、喷、吸附、对印等染色技法，形成自然纹样的一种工艺制作。染纸制作工具简单，操作便利，作品绚丽多彩、极富韵味，纹样千变万化，可以产生许多意想不到的效果。

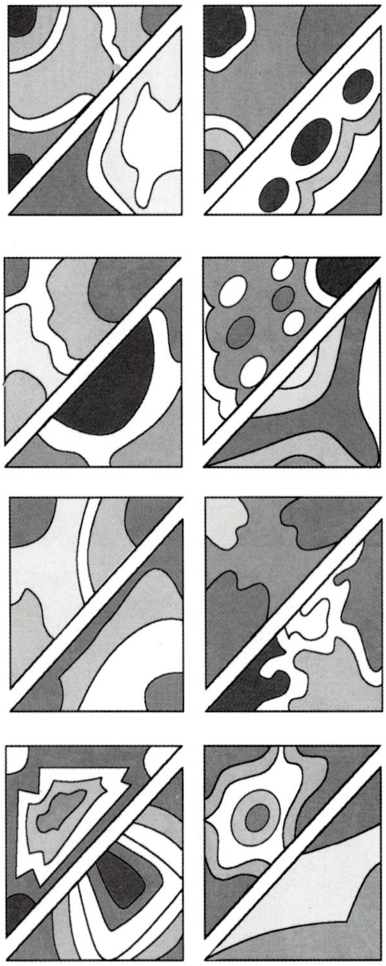

图 1

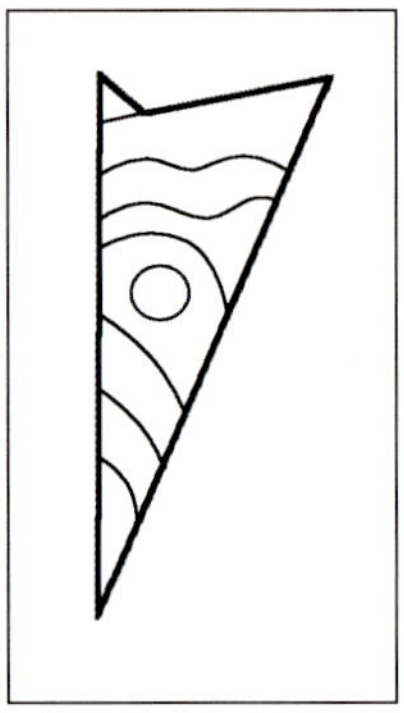

图 2

制作原理

工具与材料

工具：毛笔（吸水量大的羊毫）、大小瓷盘、夹子、滴管、剪刀等。

材料：纸、颜料和助染剂。纸张以薄而吸水性强的为宜，如生宣纸、皮纸、毛边纸、高丽纸等；颜料以透明色为宜，如彩色水笔墨水和办公用的红、蓝、碳素墨水等；助染剂以增强颜色的深层渗透性的酒精为主，也可用白酒代替。

制作方法

染纸的基本制作过程

一　构思

染纸的构思很重要，首先要了解染纸的表现特点，考虑总体的构成形式、具体折叠和染制的方式以及色调等。染纸图案的形成主要由角、边和中心位置上的染色决定，都需事先考虑好，做到意在笔前。当然，也有一类染纸注重的是偶然和生动，不妨增加些随意性和即兴的效果。

二　折叠和染色

折叠和染色是染纸成功的关键。折叠犹如建立染纸的骨骼，使染纸形成具有连续和重复美感的纹样；染色则是通过色彩的交融、留白产生绚丽的色彩效果。（图 1，2）

1．折叠方式

折叠是染纸的重要步骤，首先将纸裁成所需的各种形式和大小，然后进行各个方向的反复折叠，如对边折、对角折等。折叠的构成形式有放射性折、二方连续折和四方连续折等。

染纸的具体折叠方式主要有米字折、田字折、折扇折、辐射折、任意折、卷搓折、综合折等，折叠方式的不同，染纸的效果也不同。(图 3～5)

2．染色技法

染纸主要采用局部渍染和点染两种染色方法，染色的关键就在于多层染色的均匀渗透和色彩衔接的自然。当然，运用色彩的对比色、类似色、同种色配合的原理，使纹样产生和谐自然、强烈鲜明的色彩效果，会取得更好的效果。

染纸的染色分单色染、多色套染、彩墨染和油墨彩染等。配制染色颜料时，须加入少许酒精或白酒，帮助染料向深层均匀渗透。染色的主要技法有：

(1) 渍染法　　根据构思将纸折叠好以后，将其一角浸入盘中的染料内，让纸自然吸收和渗透，这种方法染色均匀、透彻。(图 6，7)

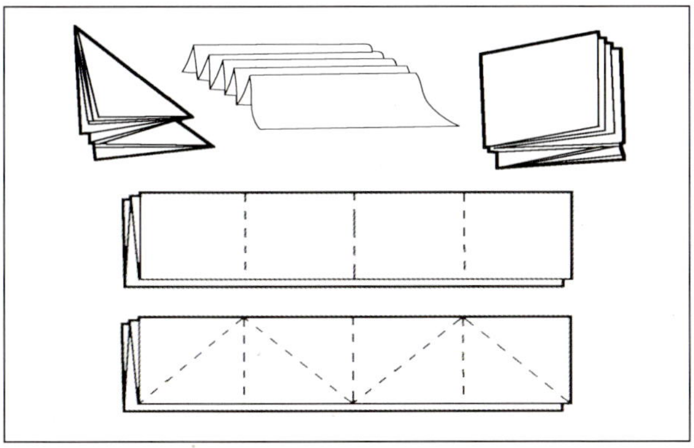

图 3

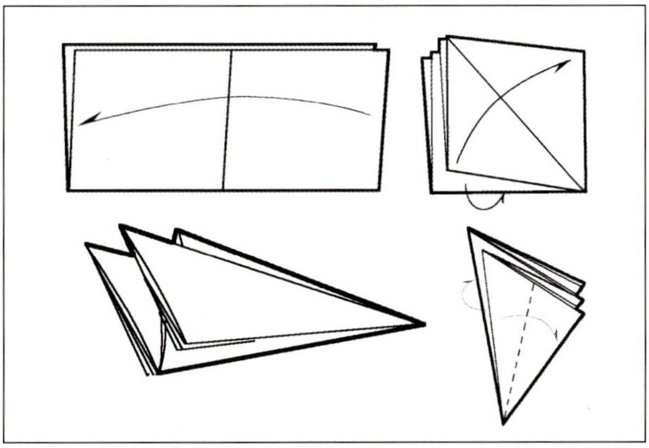

图 4

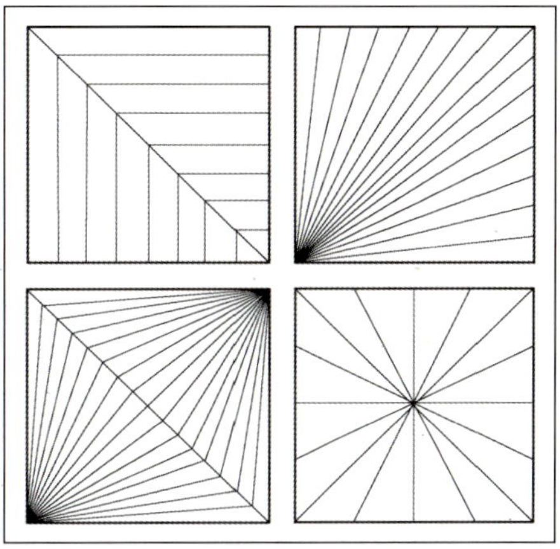

图 5

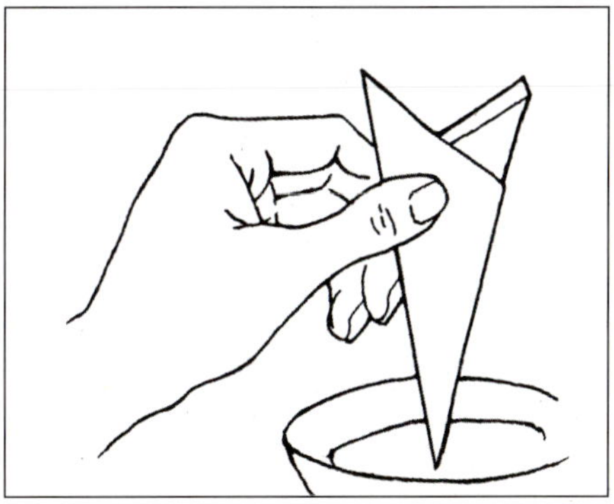

图 6

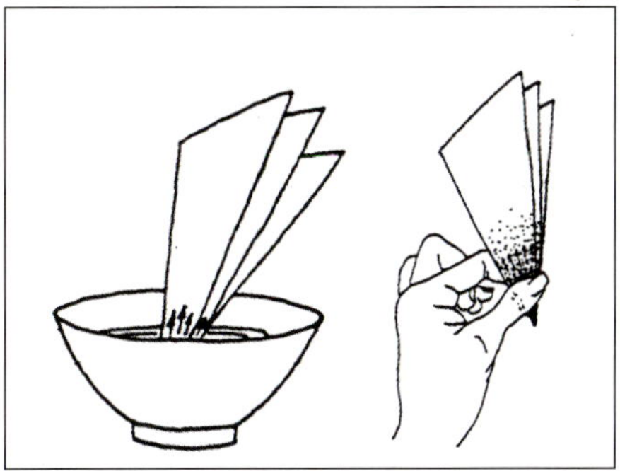

图 7

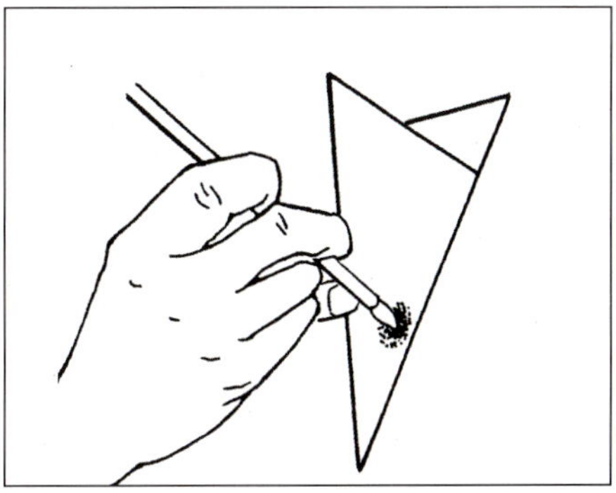

图 8

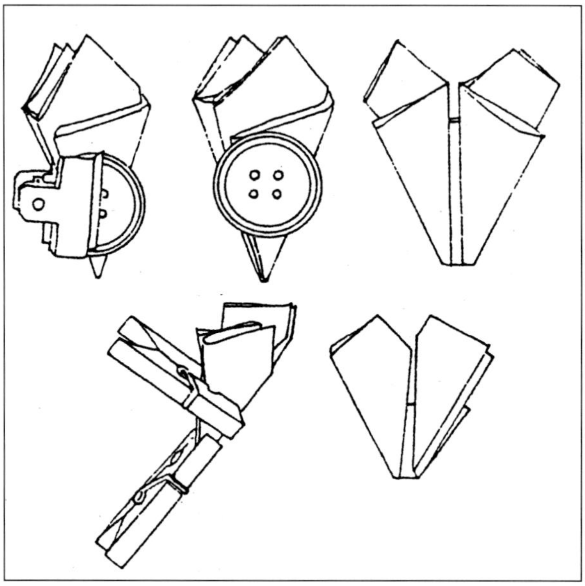

图 9

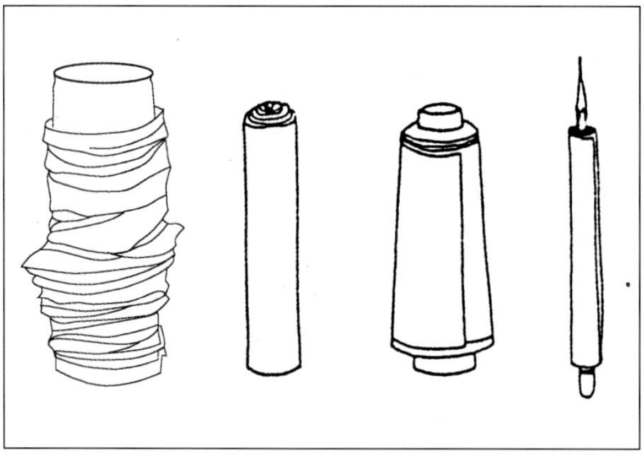

图 10

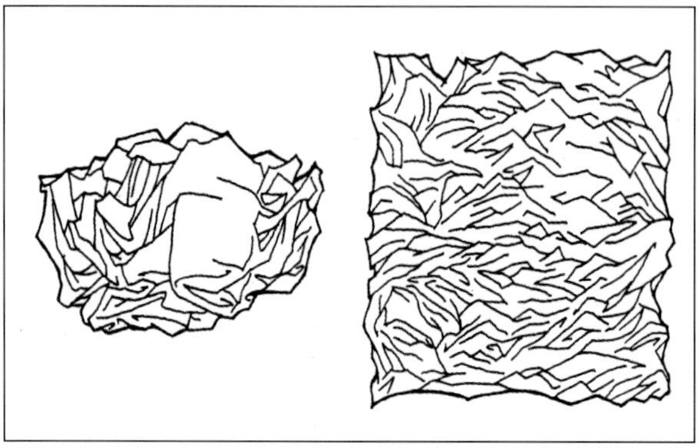

图 11

（2）点染法　　纸的边缘和中间部分一些无法渍染的地方，就需要用点染法补足，即用毛笔或滴管在需要的地方点染，使图案更加丰富多变。（图 8）

（3）刷染法　　刷染的方法有两种。一是罩染，为了统一色调，在已染过的画面上喷刷一层淡颜色，其方法是用牙刷蘸颜色在较细密的金属网（60～100目）上轻刷，雾点落下后化开，达到罩染的目的；二是刷染，是将纸的局部或全部揉皱，或折叠后展开，用排笔轻刷，注意掌握色调的变化，留下明显的刷痕，再用其他染色方法加工。

（4）晕色法　　在染色后的作品上，用毛笔或滴管沿着色彩纹样的边缘向外轻擦清水或酒精，使色彩虚化扩张，产生含蓄的晕色效果。

（5）流淌法　　当纸上的色彩快干的时候，将画面根据需要倾斜，然后用毛笔或滴管吸饱清水或色水，点滴在画面的上方，使颜色顺水流淌。可多次点滴或改变方向，当出现水色淋漓、斑驳陆离的效果时，用电吹风将画面吹干定形。用同样的道理，还可以用颜料直接泼洒，用管子吹色，用打气筒喷气等方法，使纹理更加生动、绚丽。

（6）喷洒法　　在纸上染色后，用毛笔或滴管蘸上浓食盐水，喷洒或滴到半干、较深底色的纸上。也可以直接撒上盐粒，经渗化后，画面即呈现雪花状的色斑，此法也可以用清水、肥皂水、矾水、牛奶、酒精等来渗化，所呈现的肌理效果各不相同。

（7）夹染法　　用铁夹或木夹根据需要局部夹紧重复染色，也可制作夹具或用某些物品夹住，可呈现比较明显的几何纹样。（图 9）

染纸的染色技法还有对印法、揉纸法、涂蜡法、压印法、吸附法等。（图 10～12）

染纸的拓展

1．染纸剪纸

巧妙地利用染纸所形成的色彩斑斓的图案

和肌理，剪刻成独幅剪纸或团花剪纸，别具一格，非常生动有趣。（图 13）

2．染纸贴画

染纸纹样自然和谐、色彩明快，还是装饰贴画的好材料。先构思并画好草稿，然后选择合适的纹理，剪贴到相应的图案中，组合成完整协调的画面。（图 14）

3．纸蜡染

纸蜡染是运用蜡染的工艺程序和制作原理，在纸面上进行蜡染和仿蜡染制作的一种工艺形式，既可以作为织物上制作蜡染的入门，又有较少工艺限制和更多自由发挥的特点，可以用较为简便的方法，达到布面蜡染同样的体验和效果。

纸蜡染的制作方法与一般的蜡染方法相同，即涂蜡——染色——除蜡。由于是纸蜡染，没有在织物上的水洗和固色等问题，所以选择染料的空间就很大，液体染料、水彩、水粉颜料及各种油墨都可以使用，纸张要求厚实、挺括。染色的方法也很简便，主要有纸面直接刷色和浸入

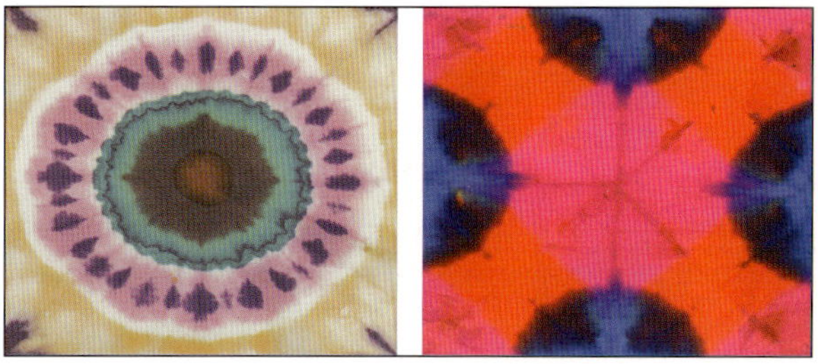

图 12

图 13

图 14

图 15

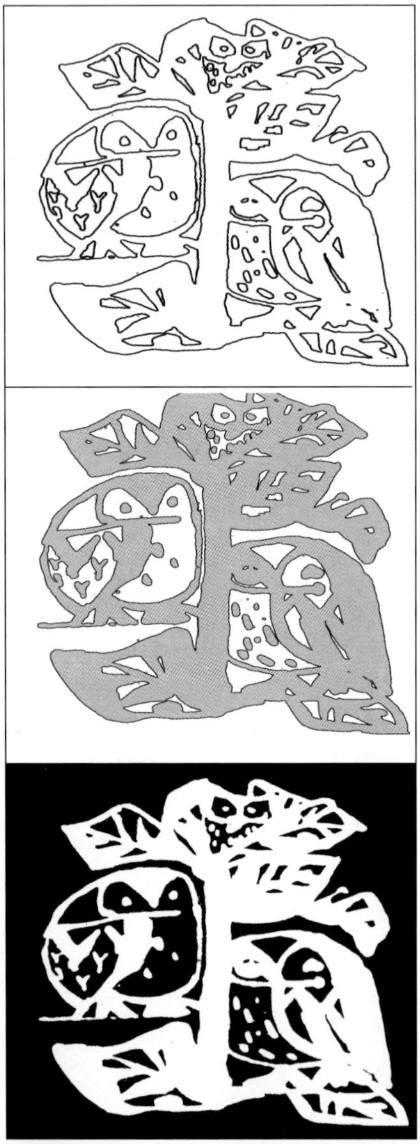
图 16

图 17

染液染色两种，涂蜡的方法也有冷蜡法和热蜡法两种，还有一种胶仿蜡染法。

（1）冷蜡法　　在厚纸上用白蜡（蜡块或蜡烛）在图案纹样需要留白的地方涂擦，在纸面上形成一个防染层，也可以用彩色蜡笔代替白蜡，产生丰富的色彩效果。染色时，把纸浸入染液或用笔刷蘸色均匀涂刷均可，待画面干透以后，上下垫旧报纸用热熨斗除蜡。（图 15）

（2）热蜡法　　在厚纸下垫上光滑的纸张或玻璃，用蜡刀或专门的铜壶笔蘸着熔蜡进行涂蜡，注意随时在蜡未冷却以前，将纸和底下的垫衬物分离，以免粘连。然后进行浸染或涂色，再用热熨斗除蜡。更简便的则是将蜡笔或油画棒在蜡烛火上烘化以后，立即快速的涂抹在画面上笔触圆转、变化丰富。（图 16）

（3）胶仿蜡染法　　这是用水溶性的桃胶或普通合成胶水代替蜡质进行防染的一种方法，纸张要求厚实，耐水洗。用毛笔蘸着胶水在纸上描绘出图案纹样，干后可用手稍稍弯曲纸面，或用微火烤出自然的裂纹。再把普蓝油画颜料用松节油调稀，用油画笔或海绵蘸色均匀的扑满整个纸面。然后立即用水冲洗，胶层被水冲掉以后，即显出蓝白分明、有冰纹效果的仿蜡染纹样。（图 17）

4．吸附染纸　　将颜料滴洒在水面上，使之流动和扩散成各种自然多变的纹理，然后用适当的纸张吸附而成的画面，这是一种表现偶然性和不规则肌理的方式，往往会产生意想不到的效果。

（1）水墨吸附　　在水盆中盛放半盆清水，用毛笔饱蘸墨汁轻轻地接触水面，或轻轻地滴洒墨汁，墨色随着水纹而产生美妙的花纹，有的像云，有的像山，有的像水，有的像大理石。然后迅速将纸平放着接触水面，水面上的花纹就全部吸附到纸面上。

（2）彩色吸附　　用各种彩色颜料吸附染成的画面，如水彩、水粉、丙烯、染料等。其操作方法和水墨吸附相似，操作上主要注意滴撒色彩颜料时要轻，以免颜料迅速下沉，影响染色效果，同时还需适当注意色彩的搭配。

（3）油性吸附　　运用与水不相溶的油性颜料吸附，不用担心颜料下沉，产生的纹理也最为丰富、细腻。油性颜料主要有油墨、油漆或圆珠笔油等。为了避免颜料污染盛水的器皿，可预先在盆内铺置废报纸或塑料薄膜，同样用纸张吸附。

水性颜料的吸附一般用宣纸、皮纸等较为吸水的纸，油性吸附几乎所有的纸张都可以用。油性颜料的吸附可以用小棍搅动水面，或吹赶、或震动水面，使之产生流动的波纹，水性颜料吸附时采用这些方法则要慎重。

吸附染纸有一个不可忽视的重要步骤就是读画。对偶然成型的纹理审视和解读，发现其中符合形式规律和可以表现意境的部分。（图 18）

尝试着用各种不同的方法、材料、工具制作出丰富多彩的染纸作品，再创造性地进行加工和装饰，并运用到生活和学习中，将是一项非常愉快的活动。

图 18

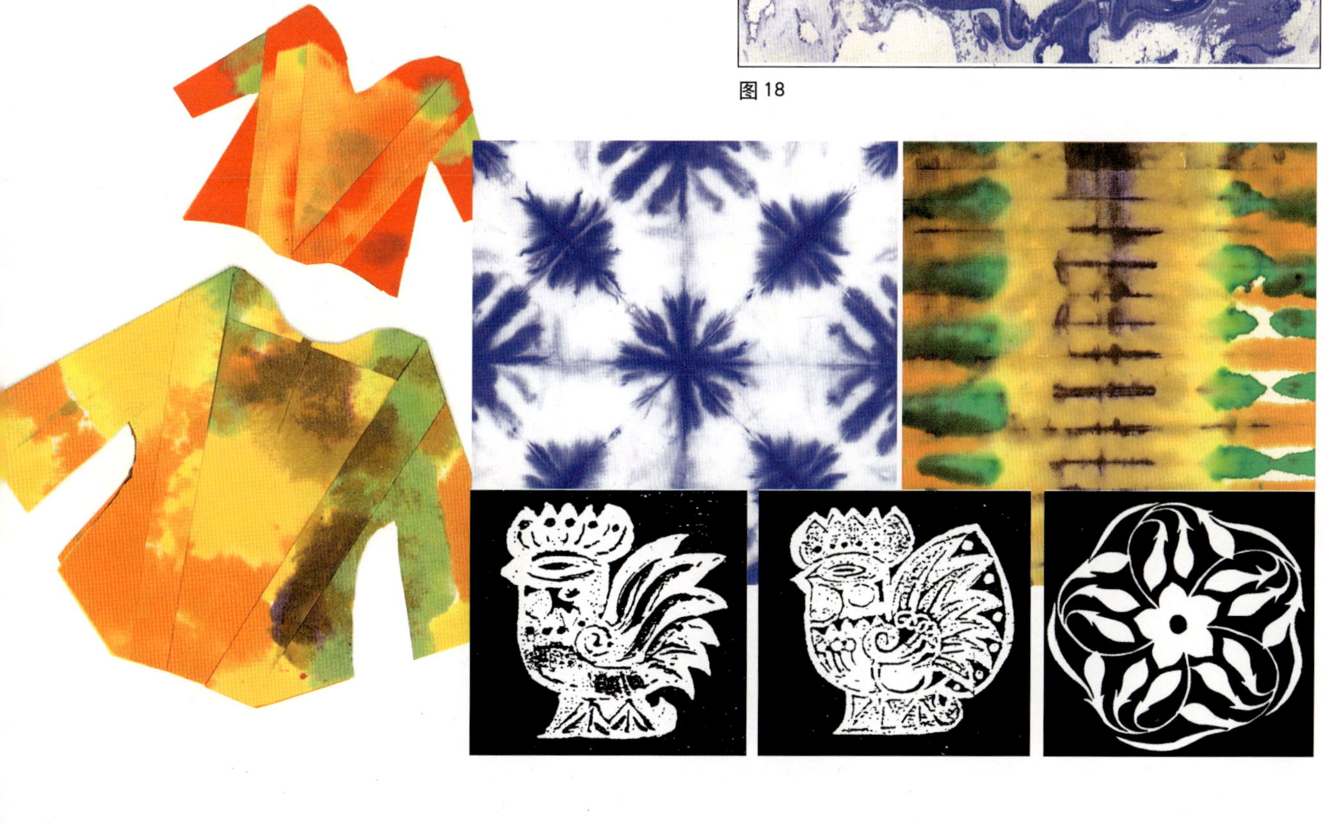

扎 染
ZHARAN

扎染是我国民间古老的手工印染工艺，又称绞，不但历史悠久，传播范围也相当广泛。虽说在世界许多民族发展的历史过程中，都产生和发展过类似的印染工艺，然而中国的民间扎染工艺，以其浓郁的民族特色和精湛的技艺独树一帜。在现代科技高速发展的今天，人们不但没有抛弃这种传统的印染工艺，相反，它特有的艺术魅力越来越获得人们的青睐，扎染的技法也在不断的创新和发展。同时，扎染不仅具有很高的实用价值和欣赏价值，而且制作工艺简单易学，设备简单，是适合青少年开展自我设计、自我制作、自我装饰的工艺活动。

制作原理

工具与材料

工具：剪刀、针线、搪瓷盆、加热炉、电熨斗、温度计、量杯、搅棒及一些做特殊效果的辅助工具。

材料：布料、扎结线、染料、助染剂等。

布料常选用质地柔软、厚薄适当、渗透性好的白色或中浅色的棉布、麻布、丝绸或人造棉之类的织物。化纤织物要慎用，其染色工艺要求较高，需有专业人士指导。

染料一般采用化学合成染料，主要有直接染料和酸性染料等。直接染料适合染一般的棉、麻、人造棉，也可以染真丝织物；酸性染料适合丝绸、羊毛和尼龙等。作为青少年工艺制作，最适合的是直接染料，它价格低廉，在化工材料商店均可购得，而且染色工艺简单快速，易于掌握。

染色的助剂可备用一些食盐、醋酸及固色剂等。线绳常用缝纫线，各种粗细棉线、麻线和各种材料的包扎绳线等。

制作方法

扎染的制作是根据一定的设计构思，先对织物进行绑扎、缝绞、打结、折叠和夹制处理，使之在染色的过程中造成染液在织物处理过的部分不能上染，或不等量渗透，从而形成有深浅层次变化的丰富色晕、纹理和皱印。它既可以染成有规则的纹样，又可以染出偶然的、意料之外的抽象纹理，还可以染出具象的复杂构图，适合各种普通的扎染织物和精美的工艺品。扎染艺术品不但稚拙古朴，同时又符合现代的审美意趣，受到人们普遍的欢迎。

扎染的基本制作方法和流程是：构思——纹样设计——折叠——扎结——染色——冷却——拆洗整理。

其中，构思和纹样设计是相关的，而且方式也是多样的。扎染具象图案可以是详稿，规则纹样可以是略稿、示意稿；抽象纹样可以是腹稿。根据个人的习惯和需要决定。拆洗和整理需要细致和耐心，但技术要求不高，因此，扎染制作中最主要的工艺就是扎结和染色，下面将主要介绍扎结和染色的具体方法。

扎结

扎结是扎染的基础，是决定扎染作品肌理和纹样成功与否的关键，扎结的方法大体可分为三类：缝扎法、结扎法、绕扎法。

缝扎法：利用针线穿缝布料适当抽紧后，染液不能正常渗透而产生的深浅纹理，由于棉线的粗细、平缝的针距及抽拉的松紧等因素会产生不同的效果。虽然缝扎时比较费事，但缝制时有相当的方向性，适合表现具象图案和较为精致的纹理。(图1)

结扎法：最简便的一种扎结方法，它不使用线绳捆扎，而是将布料做对边、对角或其他方式自身打结抽紧后浸染而成。(图 2)

绕扎法：将织物按照预先的设想，揪起一点，或顺成长条，或做各种折叠处理后，用棉线或麻绳捆扎。一般从根部开始自下往上绕，绕线的松紧不同、疏密不同、方向不同、正斜不同，都会产生不同的深浅和肌理效果。(图 3)

除以上之外还有叠扎法、夹扎法、揉扎法、卷扎法、包物法等，可配合扎染的构思、纹样和折叠灵活运用。

一　具象纹样的扎结

具象作品要求轮廓分明、形象肯定，由于作为扎染工艺的难度较大，因此不必过分追求形象逼真，以简洁、虚实相间为特色，不要追求过多细节。

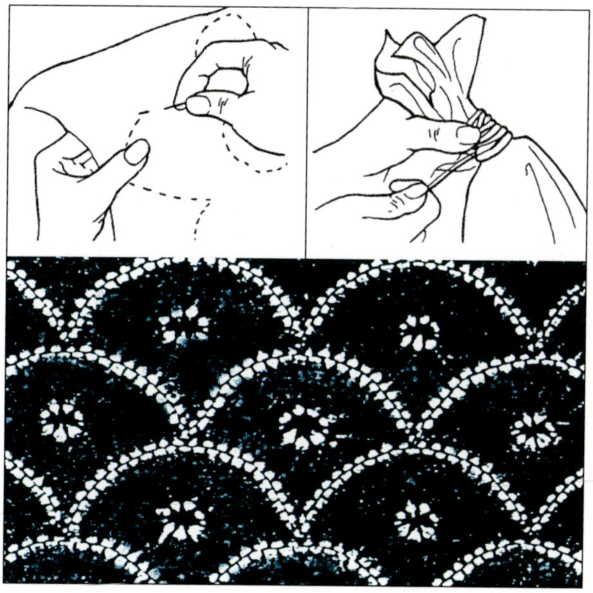

图 1

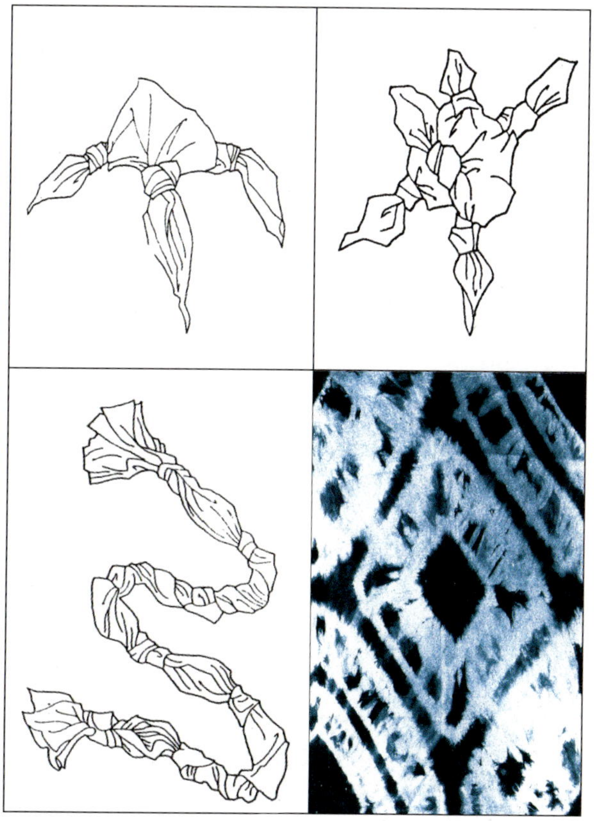

图 2

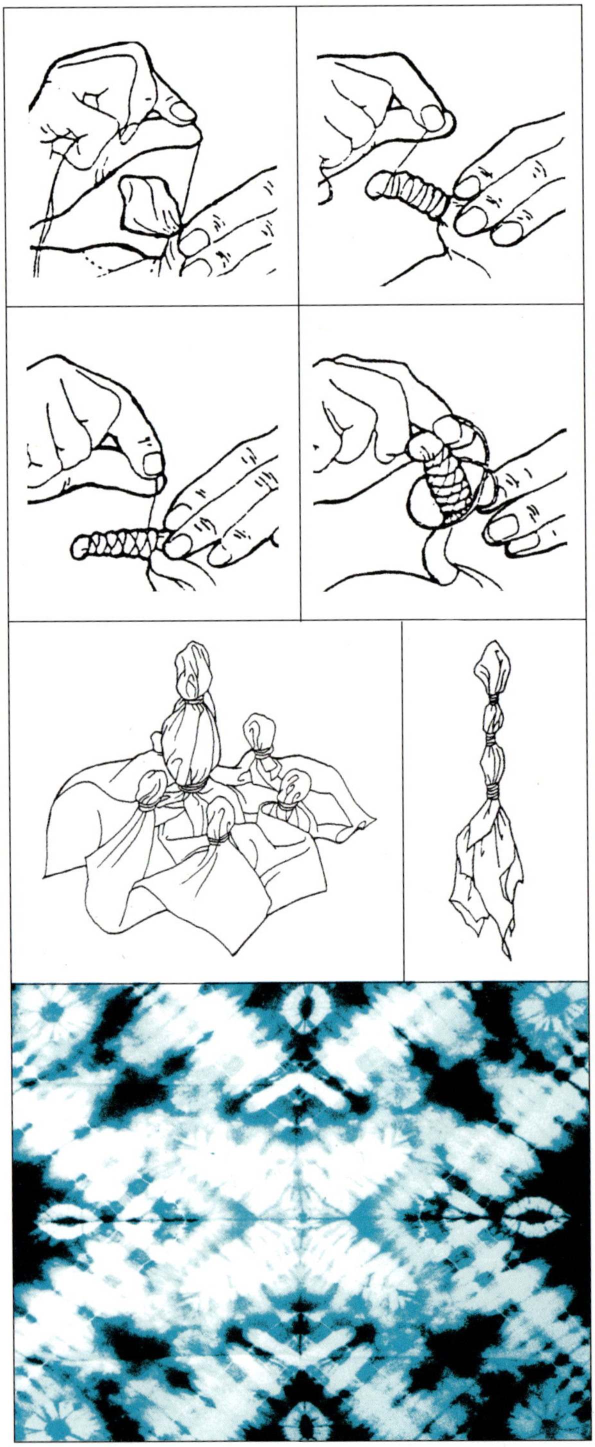
图 3

扎染中的具象表现，主要采用缝扎法。例如，要扎一朵桃花，先在布料上画出桃花的轮廓，用针线沿着轮廓线串缝起来，针距约半厘米。然后将线头抽紧，注意皱褶均匀，再用线绕圈扎紧固定，染色后拆开线结，就会因为捆扎部位不上色，而出现桃花形状。如果要使整朵花防染，呈现一朵白花，就要在缝扎的轮廓线收紧以后，继续将花型部位用线扎绕，使染液不能渗透。平针满地缝扎所形成的纹理也很有特色，采用此法，可以扎结出各种造型简洁的形象来。如果是对称的纹样，只需把布料对折后缝扎半边轮廓，同样抽紧扎结染色后，就可以获得两边纹理一致的图案。（图 4）

二　规则纹样的扎结

规则纹样出现的纹理类似于连续纹样，有一定的重复性和规则性，分单独纹样和连续纹样两种。纹样设计的关键是折叠，连续纹样的折叠方法以对边反复折为主，单独纹样的折叠方法以向心折为主。

1．连续纹样的折叠

将布料按一定的间距和角度进行折叠，可以上下对边折叠，也可以对角折叠，然后在此基础上再进行折叠和反复。折的间距可均等、可渐变，还可以有大小不一的间距，然后再做横向折叠，用绳线捆扎，展开应是田字形或米字形，经过染色可以获得既均齐又变化多趣的几何形花纹。（图 5、6）

2．单独纹样的折叠

以布料中心为基准，进行四折、八折、九折、十折的折叠，再以一定方式扎结，染色后可以得到放射性的规则图案。运用绕线的松紧、疏密、方向的不同，可产生不同的深浅和肌理。（图 7～11）

规则连续纹样的扎染还可运用夹扎法。夹扎法是利用各种器具物品做辅助物夹扎而成的方法。简单的可将布料折叠后，用木夹或铁夹夹紧，便可进行染色；复杂的则可用夹板扎结，将三夹板制成方形、三角形等相同的两片，把布料折叠成相应的形状，用夹板夹好，绳线绑扎后即可染色，还可以用竹条、木条、纽扣等夹扎，产生别致的花纹。（图 12～15）

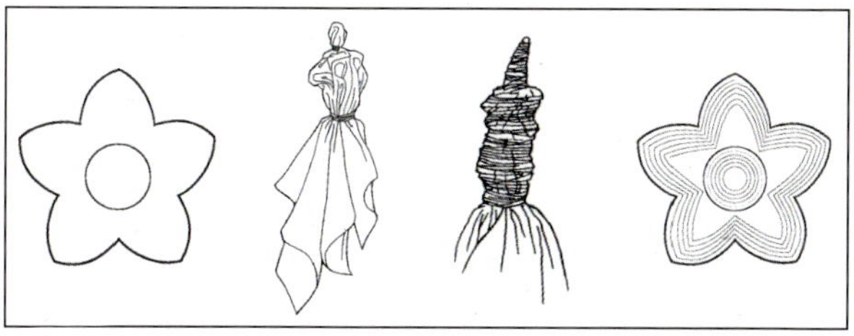
图 4

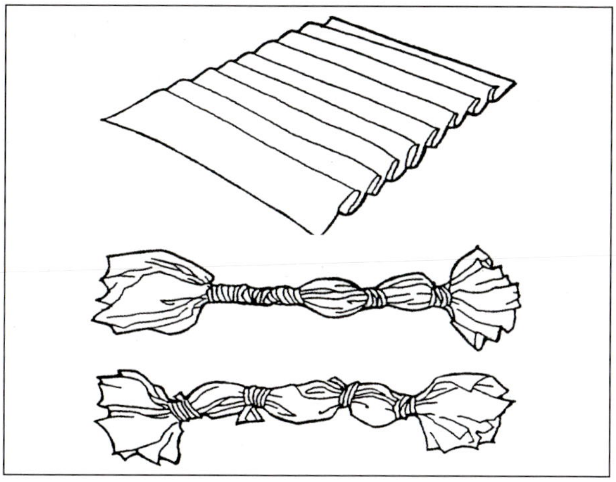
图 5

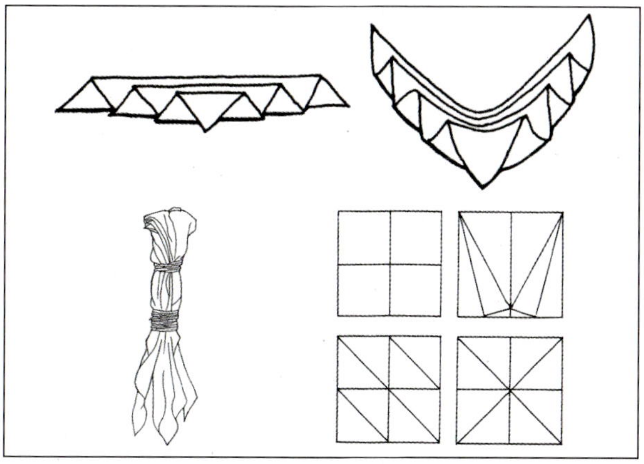
图 6

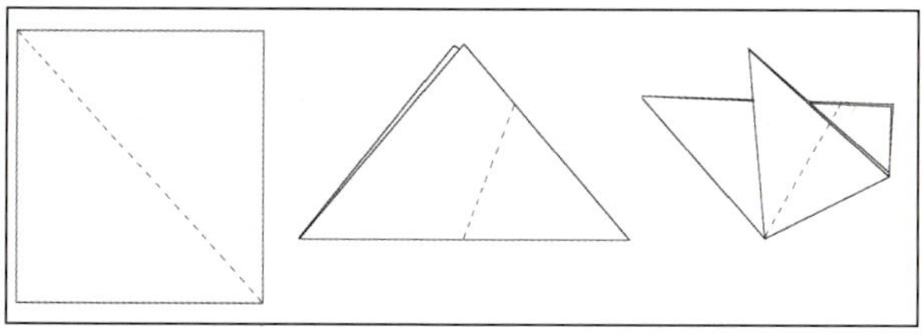
图 7

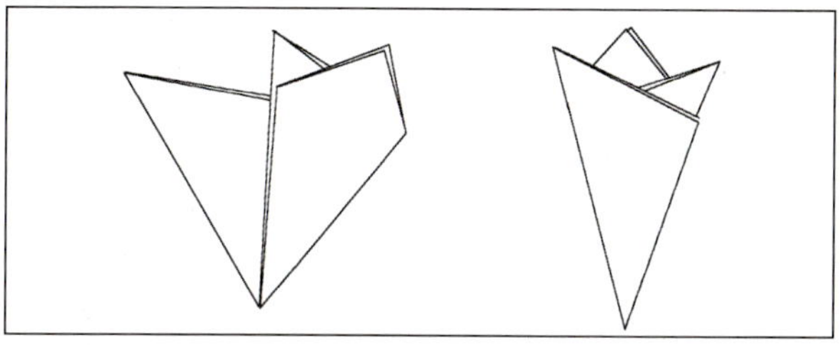
图 8

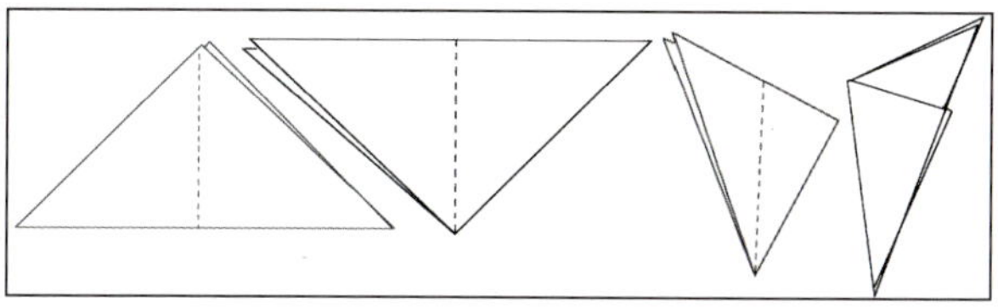
图 9

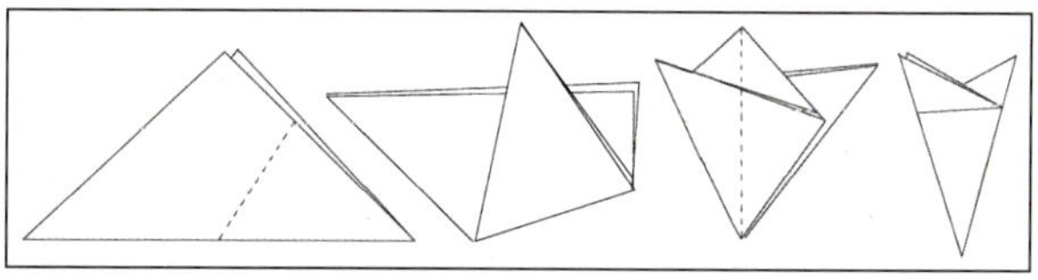
图 10

图 11

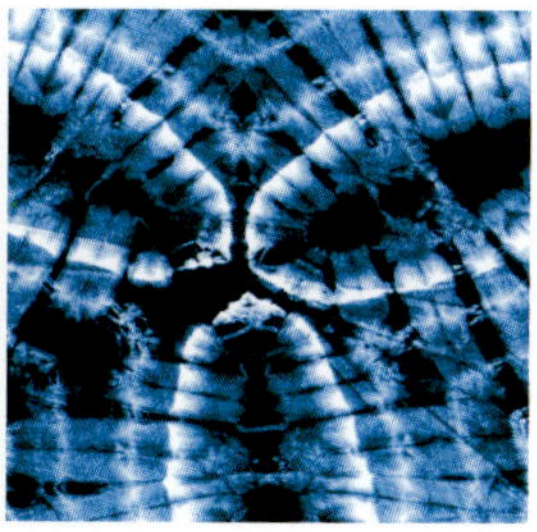
图 12

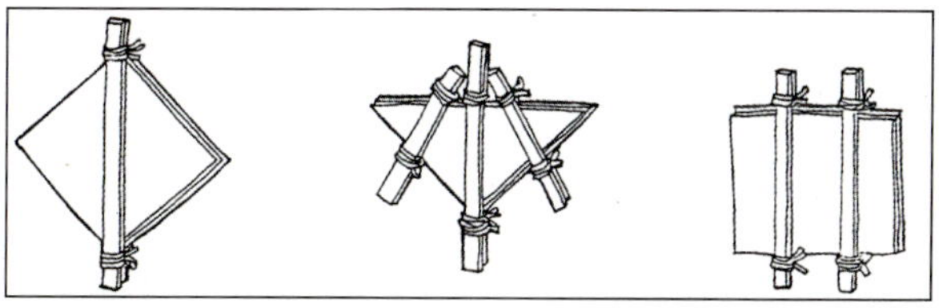
图 13

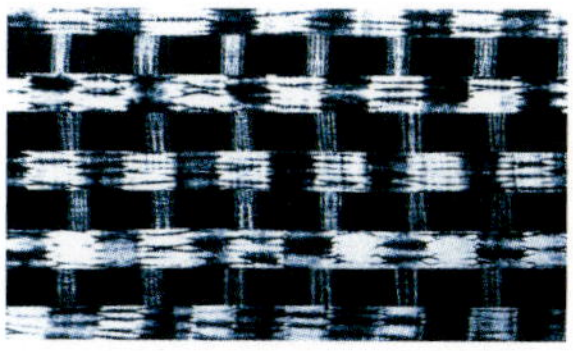
图 14

图 15

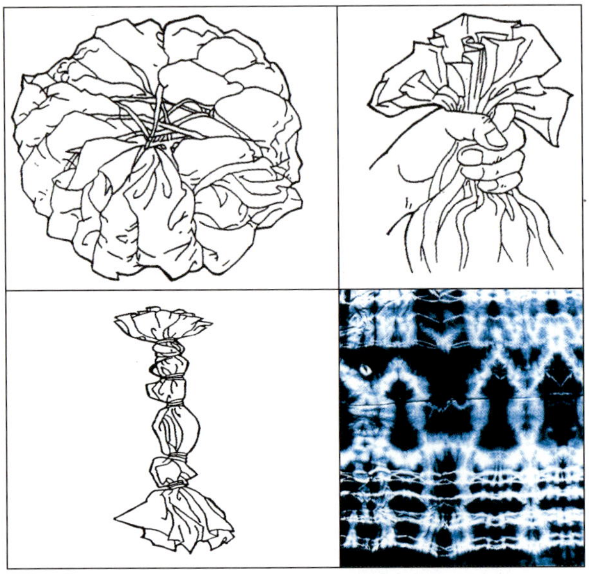

图 16

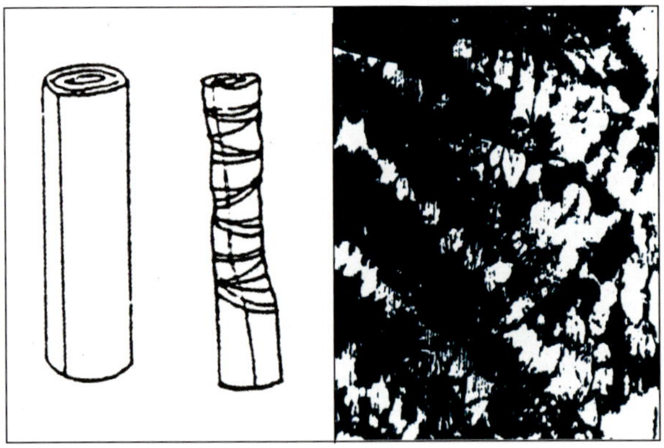

图 17

三　不规则纹样的扎结

这是一种最为自由和放松的扎染方法，以求得偶然、意外的肌理效果。由于扎染工艺的特殊性，使其成功率很高，而且节省时间、方便易行。不规则纹样的扎染，各种技法都能运用，关键在扎结时要控制好大的对比关系，尽可能使纹理有疏有密、有大有小，产生一定的节奏感。

除了以上的扎结方法以外，常用的技法有：

揉扎法：将织物平铺在桌面上，在布料上边撮边捏，任意地皱缩揉成一团，最后成一个扁平的团状。在用线绳捆绕打结时，注意绕线不要太密，捆扎不要太紧，保证色液能自由渗透，染色后可呈现大理石纹理般的自由纹样。揉扎的花纹偶然性强，纹理自然，晕色丰富，变幻莫测。（图 16）

卷扎法：将布料有规律地卷成筒状或带状，用线绳根据需要进行绕扎。此方法适合于服饰纹样。（图 17）

包物法：在布料里放上小圆球一类的物品，再进行扎结，可以加入硬币、小石块、核桃、钮扣、豆类、卵石等加热后不变形的硬物。（图 18）

染色

染色是扎染的重要步骤，在染色之前先将扎结好的布料放入水中浸泡半小时，取出后挤去多余水分，在湿态状况下进行浸染。

1. 棉布单色浸染

用直接染料 10 克、食盐 20 克、水 5 升，可染

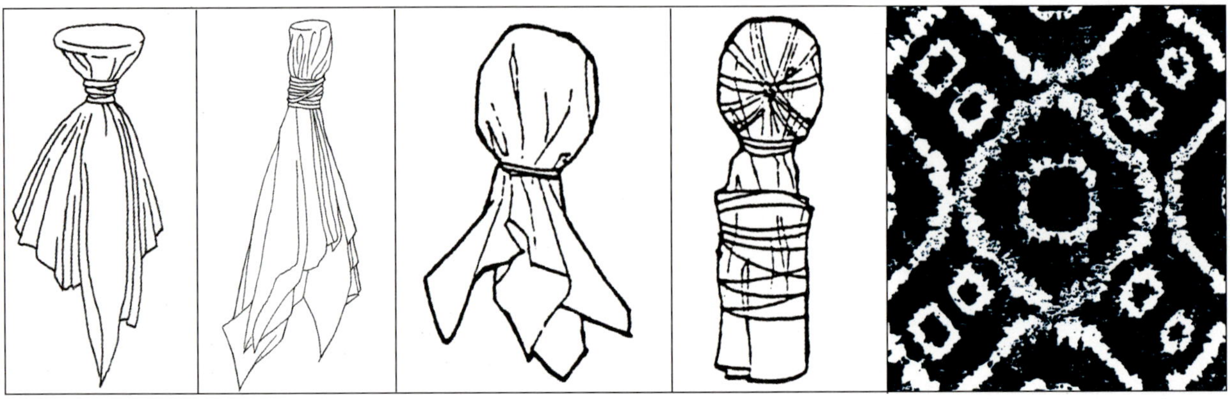

图 18

布料3～5米。

先将搪瓷盆盛水，放在炉上加热至70℃，再把已用热水溶解了的染料放入搅匀，浸入半湿的布料，用木棍上下翻动，使之浸泡均匀。染至10～15分钟后，加食盐搅和，在100℃水中煮沸再继续染15～20分钟，然后取出布料自然冷却，用清水漂去浮色，打开扎结的线绳，再漂洗晾干、熨平即可。

2．多色套染

多色套染是在单色浸染的基础上，再经过一次以上的套染，具体方法如下。

先以浅色作为第一次单色浸染，然后在清水中洗去浮色，在不拆开原扎结部位的情况下，根据事先设计的图案和色彩分布，用线绳重新扩大扎结，也可用塑料袋等防染材料，将有关部分用线绳包封扎结，还可以拆去原来的部分扎结，再进行第二次套色的浸染。如需染第三次套色，可按上述方法重复进行，但由于套色扎染色彩交错，变化微妙，两三种颜色就可以套染出多种色彩，成为绚丽多姿的扎染制品。（图19）

以上是基本的扎染制作工艺，各种方法可以根据设计需要，精心选择和综合运用，使其产生更加丰富的肌理效果。就算是同一种扎结方法，由于各种因素的影响也会在布料上取得丰富多变的色彩深浅、明暗渐变等色晕效果，产生偶然和意外的肌理和纹饰。扎染艺术的随意、洒脱、自然，顺应了现代青少年追求时尚、张扬的个性特点，我们要在实践的过程中，不断探究、试验，发挥自己的创造性才能，使我们的作品更具独创性，更有新意。

图19

型版印染

XINGBANYIN RAN

图 1

型版印染是利用花型印版的镂空和凸起，在纺织品上直接进行压印和漏印的一种印染方法。型版印染与扎染、蜡染一样，是我国传统的民间印染工艺，具有鲜明的民族风格和独特的乡土风味，其印染过程简便，印版可反复使用。印制时，根据排列方式的不同，可以变换出多种丰富的图案，纹样也更规整，使其具有连续的形式美。

制作原理

型印花版分凸版和镂空版两种。

凸版印染早在我国西汉时期就有了用木制模版在织物上印制图案的工艺。凸版，又称戳子，是雕刻而成的凸形图案模版，然后用凸版蘸色或用笔刷色，直接压印在织物上形成连续性的纹样。

镂空版印染是在凸版印染的基础上发展起来的，吸取民间剪纸的表现方法，利用坚实、耐水的纸板，刻去花纹使之镂空，让色料透过模版染印出花纹。我国民间的“蓝印花布”、“彩色花布”就是典型的镂空版印染工艺品。现代大工业的平网印染就是传统镂空版印染工艺的机械化。（图 1）

工具与材料

凸版印染的专业工具要求较高，木戳印花版是装有手柄的整体木块，木料要选择木质坚硬、木纹细腻的木料，如桃木、檀木等。用来刻板的刀具有各种专用的刀凿，工艺加工也较为复杂，青少年学生制作较为困难。

初学者除了可以尝试制作木模凸版外，如果是一次性的印制，则可以改变凸版的材料，选用一些易刻的代用品，如山芋、土豆、萝卜等蔬果或塑料泡沫块及肥皂等，不但易于加工，而且增加了制作的乐趣。还可以直接选用富有情趣的自然形态来印制，如藕的切面等。（图 2、3）

染料一般选用工业印花涂料，此外，比较方便的是在美术用品商店购买纺织纤维品颜料或丙烯颜料。

镂空版印染的传统工具比较复杂，需专用的刀具、油纸板和刻制时纸板下垫的蜡盘等。作为青少年学习手工印染，对于工具材料可以因地制宜的进行扩展和替代，传统的“立刀子”可以用一般的美工刀来代替。纸板也可以用塑胶片（如醋酸酯薄片）、双层刷过清漆或桐油的卡纸、牛皮纸等代替。染料除使用涂料、可溶性还原染料、色浆以外，也可用丙烯颜料。

制作方法

一 凸版印染

1．刻版

首先将图案纹样复画到木模或其他代用品上，用刻刀雕刻出凸版图案，也可直接利用器物和自然物的纹理作为模版。（图4）

2．调色

把涂料或纺织品颜料、丙烯颜料调制得薄而匀，再将颜料涂刷在薄海绵上，以便印戳均匀地蘸色。（图5）

3．蘸色

把印戳在刷有颜料的海绵上轻轻的按捺蘸色，或用笔均匀的刷色，试印满意为止。（图6）

4．印制

选择有一定面积、比较平整桌面，分层铺设稍有弹性的衬垫（如毛毡），在面料上轻轻画出格线，然后按设计好的部位压印在织物上。根据需要，可以先刷印和点缀一些色块，还可以用几套模戳套印彩色的，先印淡颜色，后印深颜色。（图7、8）

5．处理

印完后，用电吹风吹干，用干净的布将电熨斗包起来，在图案上熨烫，做固色处理，凸版印染工艺就完成了。（图9）

图2

图3

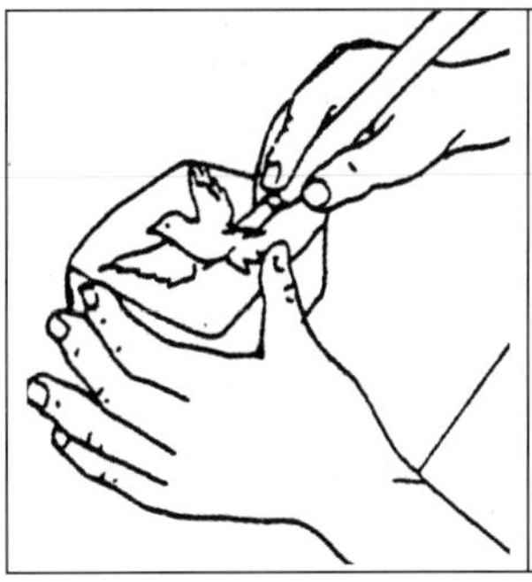

图4

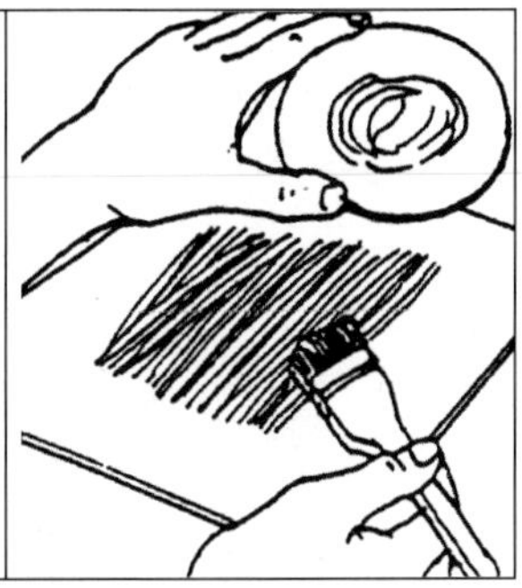

图5

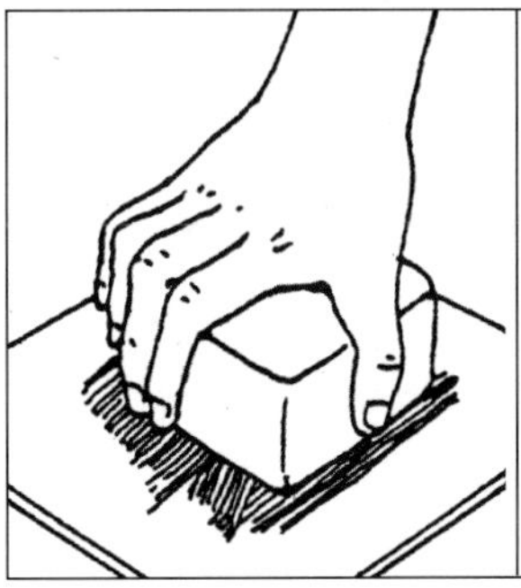

图6

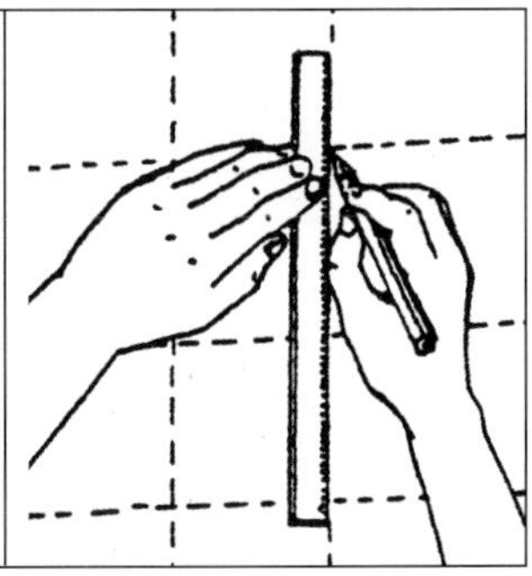

图7

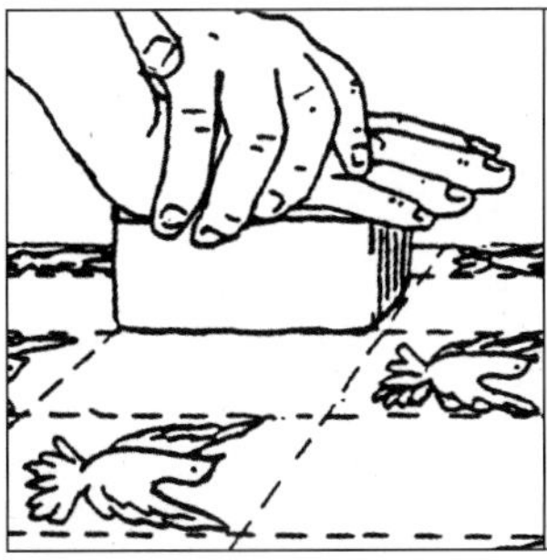

图8

图9

图 10

图 11

凸版印染的最大特点就是可以用最基本的图形，通过不同的排列、不同的色彩组合、同一模戳，根据不同的需要和构图，可以压印出多种不同的二方连续纹样和四方连续纹样，创造出富于变化的多种作品。（图 10）

二　镂空版印染

1．设计

图案吸取了剪纸中阴刻法的方法，以刻去的点、线、面表现形象，未刻去的部分要处处相连，不可断开，遇到较大的面，要设计用线条分割成若干小块，这样既丰富了画面，又便于印制。

2．刻版

将设计好的图案复印到纸板上，用刻刀或美工刀把图案镂刻出来。先刻小面积纹样，再刻大面积纹样，注意刻制时用力均匀，边缘流畅、光滑。如果用的是不防水的卡纸、牛皮纸等，可用卵石把刻好的型版打磨平整，再打蜡，最后用清漆或桐油在印版的正反面各刷一两遍，可以使印版反复多次使用。

3．印制

先将织物平铺在垫有绒毯的桌面上，放上刻好的镂空印版，四边用重物压好，选择大小适中的油画笔刷，蘸上适量的颜料，轻轻的沿着纹样的轮廓往里拓色，将颜料涂满所有的镂空纹样。

4．处理

待颜色干后，用布或报纸放在图案上，用电熨斗熨烫几分钟，进行固色处理，作品就完成了。

镂空版印染来源于传统的蓝印花布，是在镂空版白浆防染印花的基础上，降低制作要求，简化操作程序，采用简便的方法和材料，使之成为适应青少年学习的印染工艺，也给我们对制作的拓展和改进提供了宽松的空间。(图 11)

三　其他印染方法

1．防染法

防染法采用的是蓝印花布的方法，将纸板铺在织物上，刮上防染白浆（白浆配方是：石灰八两、黄豆粉四两，一个鸡蛋清，加水调成糊状）。待防染白浆干透后，把织物投入染缸浸染，染料可用活性染料、可溶性还原染料，然后晾干，再刮去防染白浆。

2．刷印法

如果型版面积较小，花纹的连续性较好，一般使用刷印法。刷印的工具可用现成的排笔，也可稍做加工，把笔毛适当剪短，然后将笔头在细砂纸上打磨一下，即可。刷印时，蘸的颜料不要太多，刷时要轻柔，并要顺着纹样的走向。此外，也可以用海绵或拓包蘸着染料来拓印。

3．刮印法

如果型版面积较大，花纹的连续性较差，有许多较大的外露角形轮廓，可采用加网框的方法刮印。将型版粘贴在绷好的网框反面，用刮板刮印，这就是丝网印花的方法。丝网印花的表现力强，适应性强，且清晰、精致，而且有更多的制版方法，下面简单介绍“虫胶漆描绘法”。

虫胶漆描绘法

固定画稿

画稿设计要小于丝网，用透明胶带固定在丝网框下面，并用纸板、木条等将画稿与丝网间隔开0.3厘米左右，以免描绘时丝网与画稿粘连，两边各留出4～5厘米的空间用于储色。

描绘

用毛笔蘸虫胶漆按画稿的图形在丝网上描绘，所蘸虫胶漆不能太少，行笔要慢，而且要多描几遍，使描过的地方将丝网的网孔封住，印时不透颜色。

封边

在丝网的反面，把画面以外的地方用透明胶带封住，框出画面范围。

调色

丝网印花的染料应是糊状的涂料，以防止刮印时渗化，同时起匀染作用。非专业印花可采用丙烯颜料加浆糊，最简易的是用水粉颜料加浆糊，但不能水洗，只能作装饰用。

刮印

将颜色放到丝网一端的储色处，丝网框对准布料的印花位置并固定，用近于丝网框宽度的胶均匀、平稳的刮印，一遍成功，不可重复。

4．喷印法

将刻好的型版置于织物之上，四面压紧，使型版不移动，用牙刷蘸取浓度适当的染料，然后把牙刷平对型版，在玻璃片、塑料片或小刀片上前后轻轻移动着刮色，使色点均匀地散落在织物上。如果要喷刷几种颜色，可先用纸片遮挡，也可通过喷色的浓淡产生渐变效果。有条件的可用喷枪来喷绘，效果将更好，如果是装饰性、不需洗涤的织物，可用罐装喷漆喷印，更加便捷。（图12、13）

随着物质需求的基本满足，人们对于大机器大批量生产的印染纺织品兴趣减弱，追求精神和文化的高品位和多元化成为时尚，体现风格和个性的型版印染将成为青少年的新宠，传统手工艺一旦和现代潮流相结合，必将焕发出永不凋谢的生命力。

图12

图13

沥粉画

LIFEN HUA

沥粉是传统的装饰工艺技术，又称“立粉”，在古代常用于建筑装饰、传统戏剧道具、服饰以及民间玩具等的制作装饰上。沥粉形成浮雕线，干后可涂上金、银色，线条内的形象可用各种颜色描绘，制作肌理效果。

沥粉画是综合了传统的沥粉工艺，运用新的材料和工具，将粉状的填充材料加胶水混合成糊状的沥粉。通过沥粉在硬质的底板上形成立体线条进行造型，使画面具有立体和丰富的效果，适合公共环境的装饰表现。此外，也可绘制小幅的装饰小品，是一种很有特色的装饰画形式。

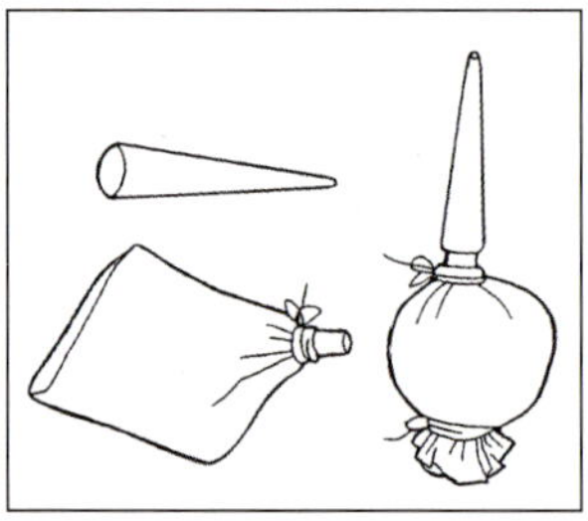

图 1

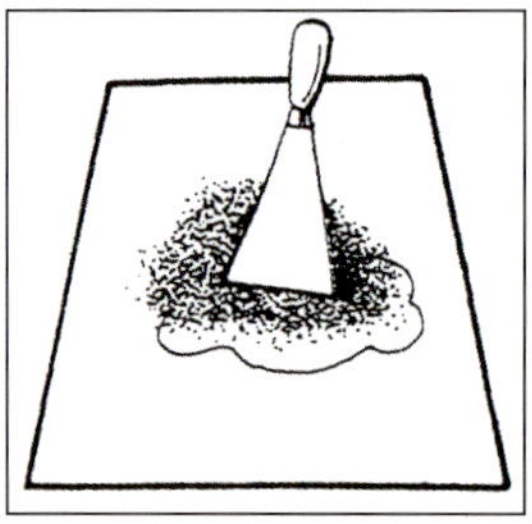

图 2

图 3

制作原理

工具与材料

沥粉画线条本身的流畅和均匀很关键，这与沥粉的工具和材料关系很大。

传统的沥粉工艺是把研磨细腻的白土粉，掺和到米汤、熟桐油或骨胶中，不稀不稠的注入事先硝制过的猪膀胱内，接一定口径的铜管，使用时挤压出粉线，凝结为高出画面的立体线条。

作为装饰性的沥粉画，工具和材料有很大的变化。

工具：沥管和沥袋。

沥管，一般用铁皮或铜皮制成，一头粗一头细，在细的一头用锉刀锉出小的圆口，口的大小根据粉线的粗细决定，可以制作大小不同的沥管多支。当然，最简便的是寻找各种合适的代用品，如金属的毛笔套、圆珠笔笔杆等。

沥袋，一般选择结实、密封性能好的塑料袋，与沥管绑接在一起。带有锥形口的空牙膏管或扁平的空乳胶瓶，只要合适也可代用。(图 1)

材料：立德粉、乳胶。

立德粉，又称“锌钡白”，是沥粉的主要填充材料，可以用熟石膏粉、滑石粉、白土粉和老粉代替，但效果不及立德粉。(图 2)

乳胶，即“聚醋酸乙烯乳胶”，是一种水溶性的多功能粘合剂。

造型特点

沥粉画的造型方法主要是线条，即以凸起在画面上的沥粉线来造型，因此，既要注重沥粉线条的装饰性和立体感，也要求线条本身的形式要具有简洁和概括的美感，同时运用装饰造型的语言对所表现的对象进行提炼、夸张和变形。画面整体的线条要疏密有致，且有虚实对比和节奏感，同时这些被沥粉线条围起来的空间，着色后就形成了面，线条起着分割画面的作用。要注意面的大小、色彩的对比，使画面更富有装饰美。另外，线条要相互连接、封闭，构成便于着色和填嵌的面。（图 3）

制作方法

一　制作步骤

沥粉画的制作对材料和工艺都有一定的要求，直接影响画面沥粉线条和色彩表现的效果。

1．底板

最简单的底板是较厚的卡纸、白版纸；最理想的底板一般选用三夹板、五夹板，纤维板的粗糙背面，有一定的肌理效果，最好再在夹板上裱贴一层白粗棉布。

2．起稿

先在纸上起稿，然后用复写纸拷贝到底板上，当然也可以直接在底板上起稿，但要注意保持整洁。（图 4）

3．调粉

将立德粉与乳胶混合调制成糊状，一般是一份立德粉加两份左右的乳胶。沥粉的稀与稠是线条成型质量的关键，太干则不能成线，太稀则不能凸起成型。调制沥粉可以在平面玻璃上，用油画刀、刮刀调匀，调好后要立即装入沥袋中，去掉袋里的空气，用细线将袋口扎牢。

4．沥线

沥线时要平放底板，注意用手挤压的力度和移动的速度都要均衡，这样沥出来的线才粗细均匀、流畅挺括。可以先在一张纸上试着沥一下，一是看立德粉的干湿情况；二是掌握用力的大小、速度的快慢和移动的手势。然后再正式沥在底板上。如果沥袋内留存有空气，有时会出现气泡而产生断线，应小心及时补上，对个别多余或不理想的线条，一定要等干至八成后，才可以用小刀修整。（图 5）

沥线完成后，不要将画面竖起来，也不可放在阳光下曝晒，一般应平放在原地阴干。未用完的沥粉不必丢弃，可将整个沥袋浸入清水中，防止干燥，

图 4

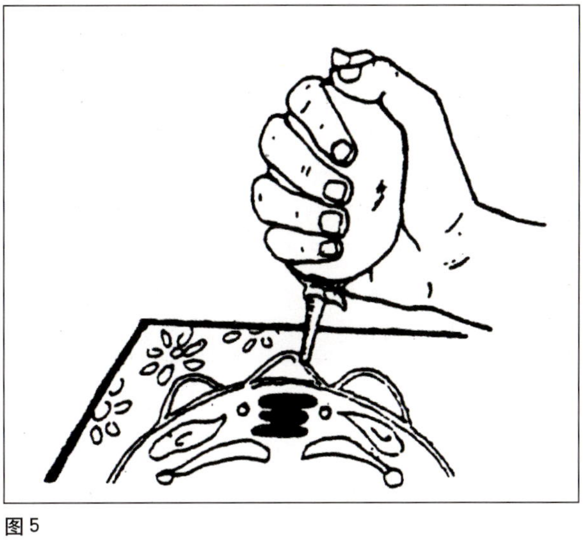

图 5

以备再用。

5．沥线的加工

沥粉画的线条，常常需要用金粉、银粉或其他色彩进行装饰加工。在传统的沥粉工艺中，是用金箔或金粉刷贴在七八成干的沥线上，称为沥粉“贴金”或“扫金”，使沥线凸起发亮，也是传统图案调和对比色的重要手法。“贴金”、“扫金”工艺在现代沥粉画中已很少运用，取而代之的是用胶水调和铜金粉，用笔描在沥线上，还可以直接用金色、银色的油性记号笔在沥线上描绘，制作十分简单，也能达到沥线的金属装饰感。（图 6）

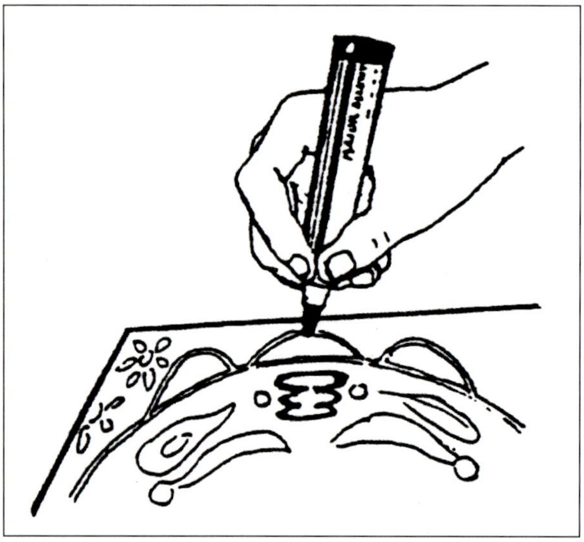

图 6

此外，也可把沥线装饰成其他的色彩，如将水性颜料调入沥粉中，使沥线呈现所需的色彩。

6．填色

沥粉画在沥线完全干透以后，要在画面上进行填色加工，一般使用水粉颜料，填色的方法多以平涂为主，在靠近沥线的地方要小心填描，既不要留有空隙，也不要涂到沥线上。填色时要注意色彩的装饰性和概括性，注意色彩的对比和协调，注意色彩与沥线的主次关系，适当运用色彩的渐变，可以使画面丰富而有层次。另外，填色使用丙烯颜料效果也非常好，不仅色彩纯度高，日后还可以用湿布清洁。（图 7）

图 7

二　表现手法

沥粉画是一种注重线条立体表现、彩质感强的装饰画。其特点是不拘一格，可以根据画面需要，运用各种表现手法和材料，最常用的是充分运用肌理的表现方法。

肌理是画面表面微观的纹理，是形式美的重要因素之一。在沥粉画填色时，采用肌理的表现方法会大大改变画面的视觉效果。肌理的表现一般有两种：一是选择具有肌理效果的底板，如纤维板反面的麻布纹、贴在底板上的粗布纹等；二是根据需要在底板上填嵌各种材料，如蛋壳、树皮、金属片、彩色玻璃碎片等，但必须注意填嵌的材质要美观。

沥粉画的造型表现是以沥粉线条为主，填嵌效果以平面为主，不要抵消立体线条的作用。同时，

材料的运用上不能太多、太杂，一幅画有一两种材料就可以了，否则容易喧宾夺主，失去沥粉画的特色。总之，肌理的表现要根据画面所表现的主题、装饰形式、色彩以及底板的特点来决定。(图 8)

沥粉画既有悠久的历史，又是一种现代的装饰艺术品，它的本身也是在不断发展和变化的，它的材料可以有很多代用品，工艺也有与时俱进的改进，需要我们在实践过程中因地制宜、因材制宜，不断试验和改变，使沥粉画具有更高的使用价值和艺术魅力。

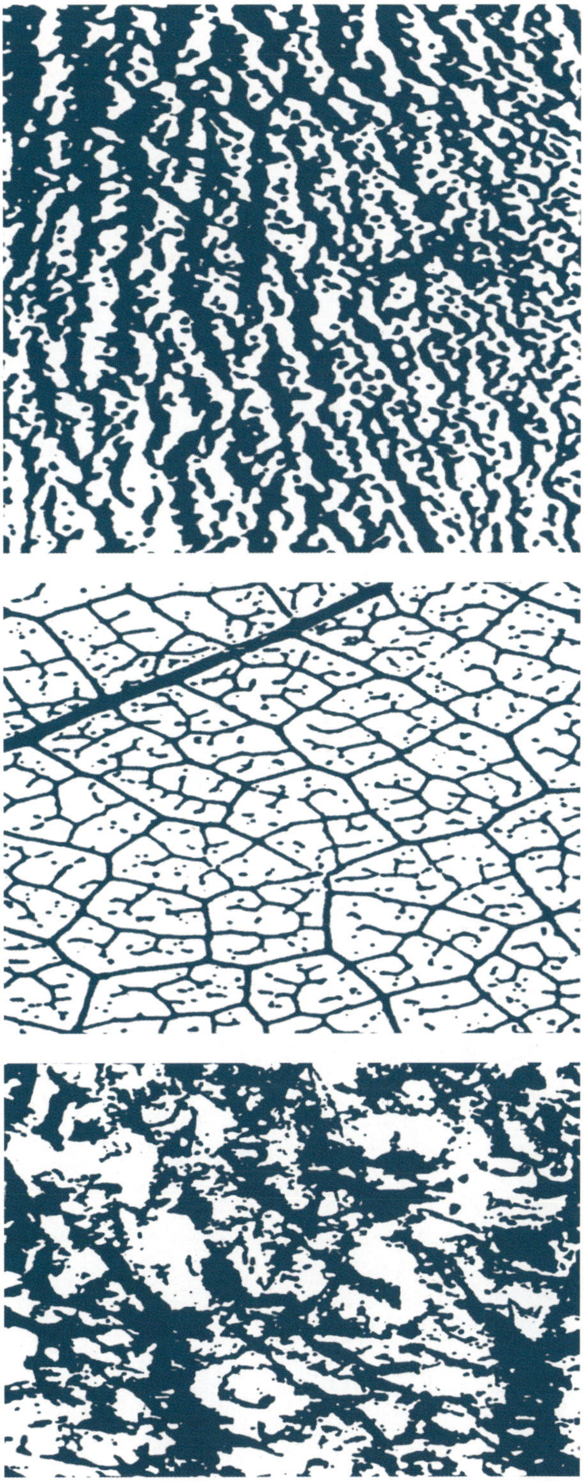

图 8

漆　画

QIHUA

漆画是以漆为主要媒介进行的绘画创作，它源自中国悠久的漆文化传统，是从漆器工艺脱胎而来的。以中国传统髹漆工艺为主，结合现代材料和工艺，是一种表达现代观念的工艺形式，是艺术与科学、绘画与工艺的结合体，是一种新兴的画种。漆画有丰富的表现力和独特的艺术语言，它独特的艺术感染力，是其他画种无法替代的。漆画既适合现代建筑的大型装饰，又可以制作各种装饰小品，受到人们广泛重视与欢迎。作为工艺设计与制作，漆画的特点和优势在于材料的丰富性、技法的多样性和独特的视觉美感，它有利于提高青少年的动手和创造能力，发掘自身创意设计的潜能。

制作原理

传统的漆画是以大漆（天然漆）为媒介，与适合入漆的颜料调制成色漆，在加工过的底板上进行绘制，也可镶嵌蛋壳、金属、螺钿等硬质材料，经过打磨、抛光而成，具有耐水、耐磨、耐酸、耐久的特性。天然漆具有独特的视觉效果，具备浑厚的内涵，它可刻、雕、填、堆、绘、嵌、罩、磨……有很强的可塑性。

但大漆漆画的施工周期长，制作工艺复杂，成本较高，对于普及的漆画制作可采用各种合成漆。天然合成漆有腰果漆、虫胶漆，它们的主要性能接近大漆，同样耐水、耐磨、耐酸，透明度高，加工要求简单，价格相对便宜。近年来，漆画专家们对化学合成漆的制作技法也有了很大的拓展，并取得了很好的效果。化学合成漆的特点是透明、易干、色彩丰富细腻，初学漆画的青少年不妨从合成漆制作工艺入手，待有条件时再使用大漆，本章以介绍合成漆画为主。

漆画是与漆结缘的画，为了突出漆画本身材料、工艺和技巧的特点，大量融入各种艺术门类的形式语言，如彩绘、雕漆、嵌漆、堆漆、泼漆、磨漆等，使漆画艺术更具魅力。

工具与材料

1．工具

刮刀：油漆铲刀一般用于调漆、调色及底板托灰使用；牛角或金属刮刀有时可代替画笔，在画面上刮涂色漆。

刻刀：各种刻刀用于刻灰、刻漆和修整嵌填物等，根据需要可自制各种形状，包括在漆面上划出线条的勾刀，刻划细线条的钢针等。

漆刷：大中小号漆刷若干把，应有软硬之分。漆刷一般用于刷漆，羊毛制的较软的排笔一般用于罩漆。

画笔：根据用途和习惯选择狼毫、紫毫、羊毫毛笔，水粉笔、油画笔也可使用。

打磨用品：油石，砂轮石，粗、细水砂纸等。砂纸背面须包一块平整的木块，蘸水打磨，可磨得平顺。还要准备推光用的少量植物油和软质皮革。

灰料：用于推光时作研磨剂和制作底板，最好用瓦灰（碎瓦研成粉末），也可用老粉代替。

2．材料

漆料：腰果漆、虫胶漆等天然合成漆和聚氨酯清漆、硝基清漆等化学合成漆。

颜料：用于大漆调制色漆的颜料有银朱、立索尔红（西洋红）、耐晒黄、柠檬黄、酞菁蓝、酞菁绿、钛白等（化工原料商店有售）；腰果漆和聚氨酯清漆的入漆颜料几乎无所限制，凡颜料商店出售的各种颜料粉都能与之相调，油画颜料、丙烯颜料、调和色漆可代替一部分颜色，但要等干透后再罩漆。

稀释剂：腰果漆用松香水；虫胶漆用乙醇（酒精）；聚氨酯清漆用二甲苯；硝基清漆采用香蕉水。

嵌贴材料：质地较硬又可以打磨，能构成质材美、肌理美、色彩美的材料，如螺钿、蛋壳、角骨、石块、木片、金属等，根据画面的需要皆可嵌入漆画。

3．材料的加工

调色漆：聚氨酯加二甲苯稀释调制色漆，色相纯净明艳。腰果漆透明度差，调制不出鲜艳色彩，可以用聚氨酯加二甲苯稀释后与腰果漆一起调色，色彩沉着厚实。

螺钿：螺钿是由河蚌或其他海螺蚌加工而成的，可以用砂轮打磨，也可以用酒精灯烧热，趁热浸入冷水中，即可分离出若干薄片。

蛋壳：蛋壳收集来后，放入水中浸泡两三天，使蛋壳内的薄膜软化，剥掉薄膜晾干待用。

金银箔：金银箔在漆画中作用也很大，常用铝箔代替，它须用透明漆覆盖，以防长期接触空气氧化变色。

漆粉：将调制好的色漆用铲刀刮涂在玻璃板或塑料薄膜上，待干后铲下捣碎，可用粗笔杆之类的将其碾碎成干漆屑粉，使之在画面中产生颗粒状的肌理效果。

制作方法

1．底板制作

凡平整、不吸潮、不变形的硬质材料都可以用做漆画的底板，如合适的五夹板、七夹板或铝板、塑料板等。最常用的是胶合板，小幅漆画直接用五夹板、七夹板即可。边长60厘米以上的漆画，应以五夹板钉上边框及十字、井字格带，最好两面蒙胶合板，使底板平整不易变形。（图1）

板材表面要进行去污除尘处理，金属板材要磨砂，使漆膜容易附着。然后，在板材表面用批刀批上漆灰（胶漆加灰料调制成糊状，胶漆有漆、白乳

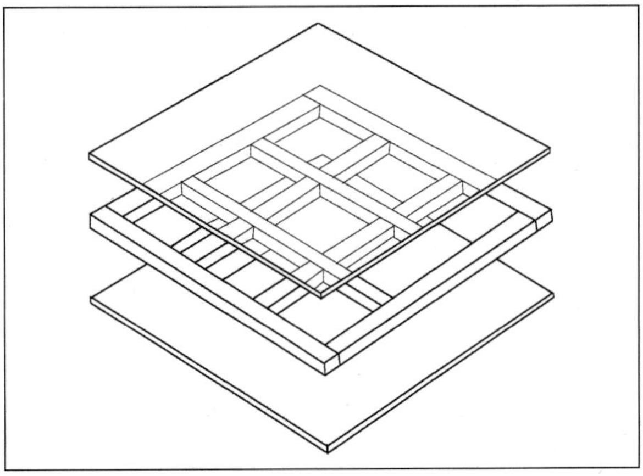

图1

图 2

图 3

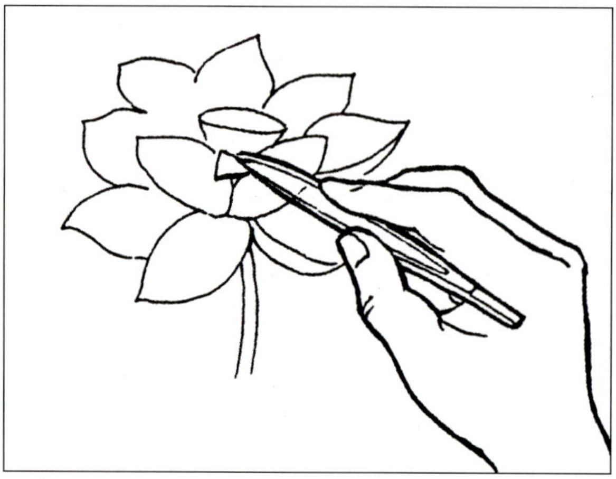

图 4

胶、猪血料等；灰料有砖灰、熟石膏粉、米面、老粉、立德粉等），要通体批灰2～3遍，干后打磨平整，涂两遍底色漆。若画面不做雕嵌，可以不做灰，但底色漆要多刷几遍，注意正、反、侧通体都刷漆，打磨平整。

2．设计

设计包括图样设计和工艺设计，在通过构思画出小构图的同时，还要充分考虑表现效果的各种技法的运用，工艺的前后程序，可能出现的预想和偶然的效果，注重在创作过程中所引发的灵感。(图2)

3．勾稿

用铅笔打稿，再用墨勾画轮廓，也可用白色特种笔直接在漆板上画稿。复杂的画面应先在纸上画稿，再复印到漆板上，可用复写纸直接拷贝，若深色底板上轮廓线不明显，可用黄土粉或立德粉轻敷表面，再用羊毛刷轻刷去浮粉，利用复写纸的油性使画稿显露。也可在画稿的背面涂层面粉，把画稿放在漆板上勾印。(图 3)

4．嵌贴

根据画面需要，首先镶嵌螺钿、蛋壳或其他材料。将准备嵌贴的材料用漆贴到漆板上，按画面加工成所需的形状。如嵌贴蛋壳，在嵌贴的部位沿轮廓线内涂一遍腰果漆或清漆，然后用镊子将蛋壳贴在涂漆的部位，注意压平，使蛋壳紧贴在漆板上。轻轻敲击蛋壳会裂成碎片，形成美妙的肌理，可以有意识地组织碎片的大小与疏密，可用小刀调整并切除多余的部分。(图 4)

5．描绘

画面需要用线勾形，可用色漆加少量瓦灰调匀后勾线，线干后再进行填色。如果不需要用线勾形，为避免邻色相混，可让画稿分块上的色漆干后再填邻色，以保证色块的清晰。色漆层层涂刷，使漆层厚度与蛋壳或其他嵌贴物高度基本一致。(图 5)

为使色漆的涂层产生丰富的肌理变化，可采用各种填漆方法。

(1) 撒粉每涂一遍色漆后，洒上事先加工好的漆屑粉，可根据色彩需要以不同色相混合插洒，或

者洒金粉、银粉、螺钿粉，然后罩漆打磨，以呈现出丰富的色彩层次和肌理效果。（图 6）

（2）变涂在漆板上泼下稠漆，洒、滴稀释剂，漆被驱散流动融合，自然成纹，然后填补彩漆，或填金银箔，罩透明漆，干后磨显成画，具有生动的自然纹理。

还可以用棕丝、稻谷做引起料，引起漆画不平后即剔去，或用刷子、蘸子等工具拍漆面制造不平，也可在漆画上用蛋清、浆糊，待烘烤使之开裂，用色漆铺覆，干后磨显。（图 7）

漆画工艺还有画漆、刻漆、雕漆、堆漆等多种形式。

6．罩漆

将透明漆罩于经过镶嵌、描绘、刻填的工艺漆面叫罩漆，但不是简单的罩光，聚氨酯清漆透明度好，但含蓄不足，也可略加些腰果漆来罩。由于透明漆的漆色不同，画面的明度、色相不同，罩漆的厚薄不同，打磨的程度不同，可以使图像形成更多的层次。（图 8）

图 6

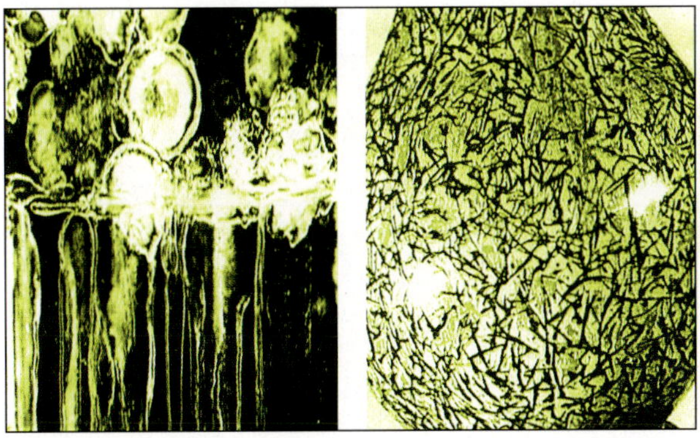

图 7

图 5

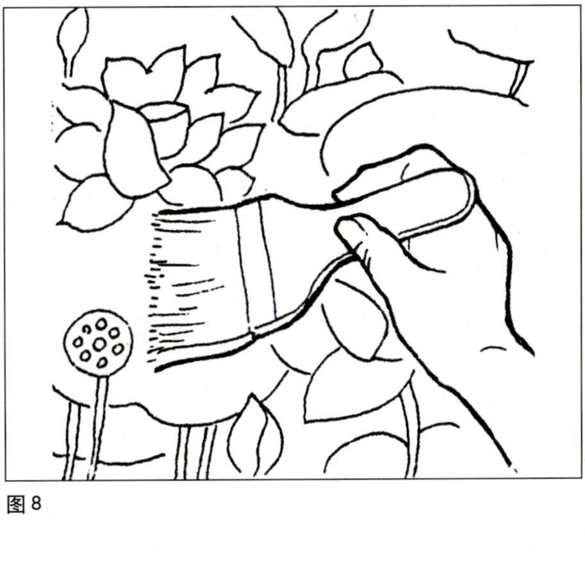

图 8

图 9

7．磨显

画面完成后，先用铁砂纸打磨，然后用 200 号水砂纸打磨，再用400号至最细的800号水砂纸打磨。许多预先设计的效果这时可以逐步显现出来。这时还可以进行调整、填补，可以重新罩漆，干后再磨显。打磨不一定要求画面绝对平，达到理想效果即可停止，局部效果还没显现的可以局部磨显。（图 9）

8．推光

推光是用软布或脱脂棉蘸瓦灰，略滴一点植物油在画面上用力来回擦，使画面更加光滑。然后用脱脂棉擦净画面，脱脂棉略蘸植物油（可用煤油稀释）反复用力磨擦画面，至光亮如镜。也可最后用柔软的皮革推光，反复推磨，可莹亮照人。

漆画之美，美在材质和工艺，漆色的润泽含蓄，其他颜料无法代替。用各种方法制成的肌理，有画笔达不到的妙趣，产生五光十色新奇的魅力。磨漆画的制作方法也千变万化、妙趣无穷，只有在制作实践中反复摸索，才能了解掌握漆艺，制作出好的漆画来。

小挂饰

XIAOGUA SHI

图 1

小挂饰，是指用各种材料制成的小型挂饰工艺品，既可以是民间传统的香袋、荷包，又可以是现代的小装饰挂件，其材料和用途也在不断变化。由于它们色彩丰富、装饰性强，传统挂饰还有吉祥如意、避邪消灾的象征意义，深受不同年龄层次的人们喜爱。

制作原理

多彩小挂饰是从传统民间的荷包、香袋挂饰发展而来的。古人常把香袋佩于身上或系于帐中；清代各阶层的人在穿行装时，必佩荷包；近代的小挂饰注重装饰与实用的结合，品种增多，或端午节带香囊用以辟邪，或作为吊灯、床帐、乐器、扇子的饰坠，或做成钱包、镜袋、表袋、名片袋、针线包等；现代小挂饰则以装饰为主，人们用它挂在胸前、套在颈上作为装饰物，也作为装点家庭的小饰品。时尚女孩还常在帽子、包袋、手机上装饰小挂件，成为城市一道流动的风景线。

多彩小挂饰的制作要小巧精致，一般在5～10厘米之间，但要有适当的细节处理，使作品耐看。由于小挂饰的体积较小，色彩处理一般要鲜明强烈，且要注意与服饰的色彩对的比关系，同时也要注意形式自然亲切，形象设计活泼有情趣。

工具和材料应要尽可能简便，充分利用身边的废旧物品和各种代用品、半成品，如各种卡纸、彩纸，各种织物的边角料，零碎的毛线、彩线，以及各种装饰用的珠子、亮片等。

制作方法

一　香囊的制作

香囊，又叫香袋、香包，一种用色布、彩绸、色线制作的小荷包。香囊是我国民间传统的挂饰，一般中间都装有中药香料。具代表性的是五月端午辟除“五毒”的香囊，香囊的主体为老虎，面带笑意，昂首翘尾，下用线穿挂“五毒”（指蛇、蝎、蜈蚣、壁虎、蟾蜍）和葫芦等物，也可以做成其他象征吉祥如意的图案和造型。制作方法大体分缝填、

缠扎、刺绣、剪贴等，一般农家妇女都能自己制作，给孩子佩饰。（图 1）

1．绘制

先设计图案，一般以小动物和吉祥图案为主，形象要夸张概括，便于剪裁和制作。（图 2）

2．剪裁

用厚纸板按图案轮廓剪成两片，按照纸板的外轮廓，将色布或绸缎零星碎料裁剪成正反两块，一定要比纸板四周均放大一圈。（图 3）

3．蒙布

将布料的四周边上涂上乳胶，布料分别蒙在两片纸板上，并把布边粘贴在厚纸板的反面，粘时布料不要绷得太紧，并留一开口，以便填入棉絮。还有一种方法则是先剪出与纸板一样大的腈纶棉或薄海绵，再将四周绷紧粘贴，使表面平整地微微凸起。（图 4）

4．装饰

对两片半成品的表面加以装饰美化，如粘贴、镶边、补绣等，挂上穗子。

5．拼合

用小布袋将中药香料包好(也可用芳香干花代替)，放在两片之中再将两片缝合，也可以用花边镶嵌图案边缘。

这样，小巧玲珑的香囊就制作成功了，还可作为一件别致高雅的礼品。（图 5）

图 2

图 3

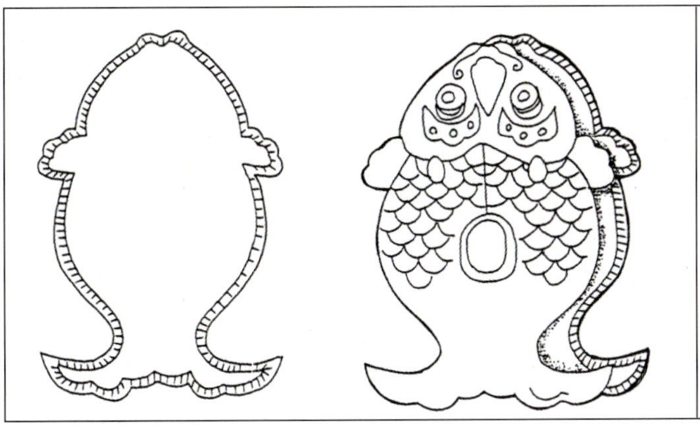

图 4

图 5

二　绒球挂件的制作

绒球挂件是利用各种纤维纱线，如绒线、腈纶线、塑料包装带等，进行绕、扎、剪，做成大小不同、色彩不同的绒球。然后用铁丝串或针线缝等方法组合成型，最后再用乳胶粘上珠子、亮片等点缀物，或粘上用彩纸、塑料片剪成的装饰附件，绒球挂件就做好了。(图6)

三　十字绣挂饰的制作

十字绣饰品是近年流行起来的一种时尚，由于十字绣的技法简单，不需要专用的绷架和工具，所以随时随地都可以绣制。由于绣制图案可以按格计算，因此不需拷贝临摹。图案纹样一般简洁方正，有现代美感，有绘画基础者，只要掌握了绘制规律，设计有个性的图样也十分方便。十字绣制作的小挂饰别有情趣，受到众多女生的欢迎。

一般可以绣图案相同的正反两面，相背缝制，在中间衬入少量腈纶棉或海绵，使其充实饱满，再连接彩色线带或钥匙链即成。(图7、8)

多彩小挂饰的特点就是形式多样，贴近生活，是一种特别个性化的小饰品，只要材料简便、亲切自然，装饰效果好，各种形式、各种方法、各种材料都可以尝试。

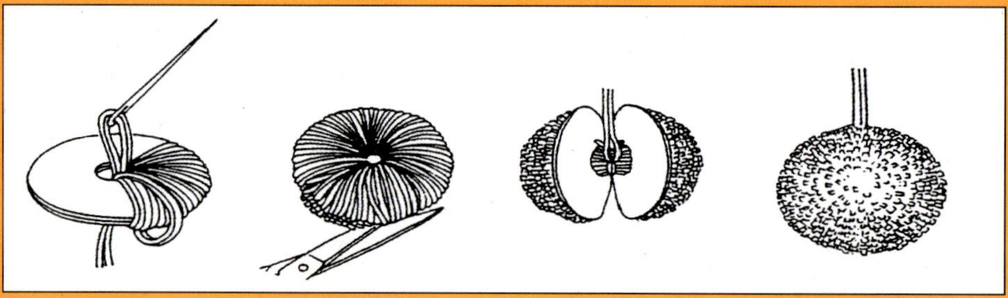

图6

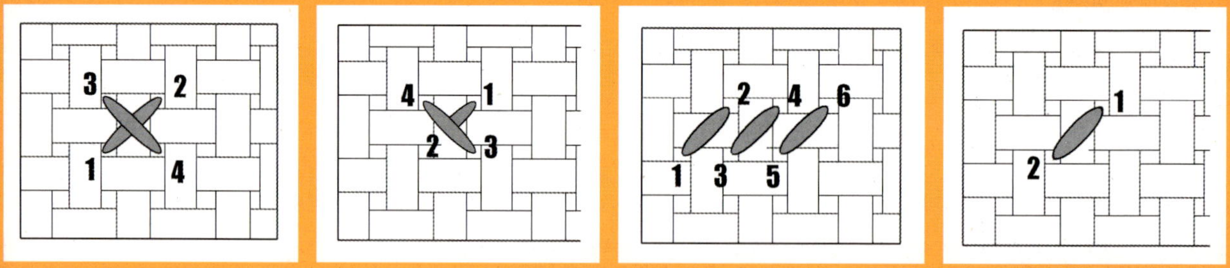

图7

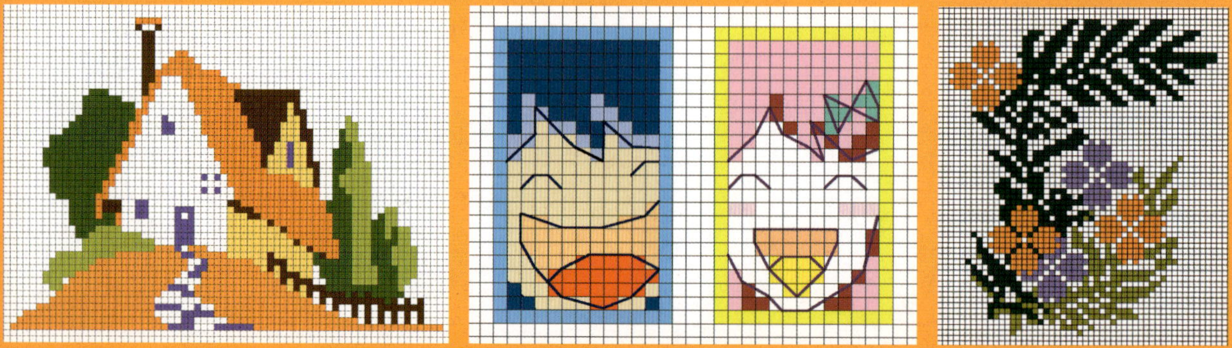

图8

编绣壁挂

BIANXIUBI GUA

现代时尚推崇具有个性的、独特的、变化的美，运用古老的手工编织和刺绣技艺，结合现代的审美理念制作而成的壁挂，是传统手工技艺和高科技现代生活的完美结合，是美化居室极佳的装饰艺术品，它以其温馨舒适的质感和松软别致的材料展现了其特有的艺术魅力。编织壁挂使人们的生活环境更具人情味，满足了人们返璞归真的心理需求，陶冶艺术情操。壁挂种类繁多，这里介绍以编织和刺绣技艺为主的编绣壁挂。

制作原理

工具与材料

工具：可选用木料做底托或框架，另外准备剪刀、木锥、钩针、线梭、梭片等。

材料：棉、麻、毛、丝、化纤、尼龙、人造丝等各种线绳。在一个壁挂中可用一种线绳编织，也可采用多种线绳混合编织；可用一种颜色的线绳编织，也可采用多种颜色的线绳混合编织。根据需要还可以运用一些配饰，如木珠、木棍、贝类等。

编织壁挂

编织壁挂关键要掌握几种基本的打结方法和穿插换位，熟练掌握后，就可以融会贯通、灵活运用，创造出新的形式和方法。

编织壁挂主要有两类：一是交织壁挂；二是编结壁挂。

一　交织壁挂

交织壁挂是一种比较规则、紧密、平整的壁挂形式，它以经、纬线按一定的规律相互沉浮交织，通过经纬网线的变化组成各种图案纹样。

1．底板框架

交织壁挂的编织首先要有固定经线可用底框，较为复杂的和手工艺专业的可用各类手织机。青少年业余制作的小型作品，则选用木板和木框最为简便、适宜。木底板的经线是利用木板两端锯出的等距缺口均匀绕制而成，木框的经线是根据上下两端的钉子绕制而成，钉的间距一般在0.5～1厘米，

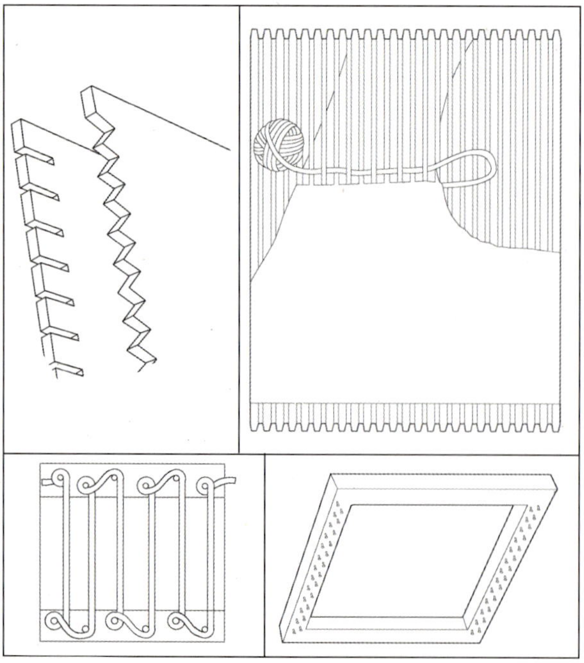

图1

为了绕制方便，可以交错钉成两排。（图 1）

2．图案设计

交织壁挂的图案设计要求简洁、概括、生动。设计图就像十字绣针图案一样，采用方格图，白色代表经线、黑色代表纬线，黑方格即表示纬线压在经线上的“纬浮点”；与之相反，白方格即为“经浮点”。绘制在大小适中的方格纸上，最好是原大彩图，可明确看出预想的效果。（图 2）

3．基本技法

不同的交织技法会产生不同的纹样肌理，最常用的是平纹。平纹是图案造型最容易出效果的一种技法，运用得当可以编出画面整体的虚实感；连珠纹会使图案产生一定的厚实性；品字纹显得庄重而有节奏；斜纹则是最有动感的纹理。用断开的柔软线绳编织，使图案产生起绒的效果，会有温暖和松软的感觉；利用交织线绳宽松的有规律打圈，会在视觉上产生厚重和弹性的感觉；改变交织的方向，产生左右交错的人字纹，会有生动的感觉；根据图案的造型需要，选用不同的技法将大大增强壁挂图案的表现力和艺术感染力。（图 3～11）

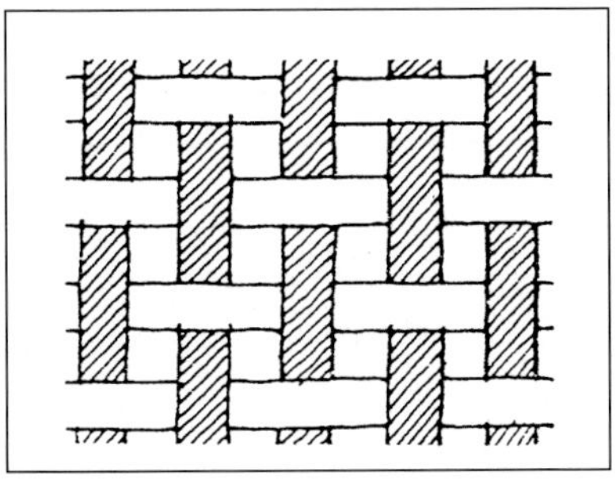

图 2

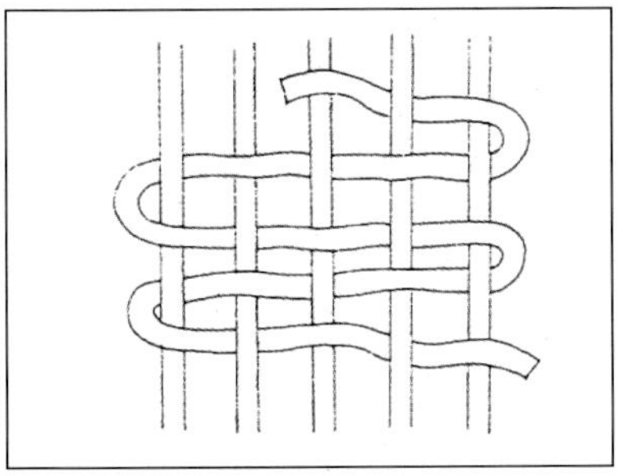

图 3

图 4

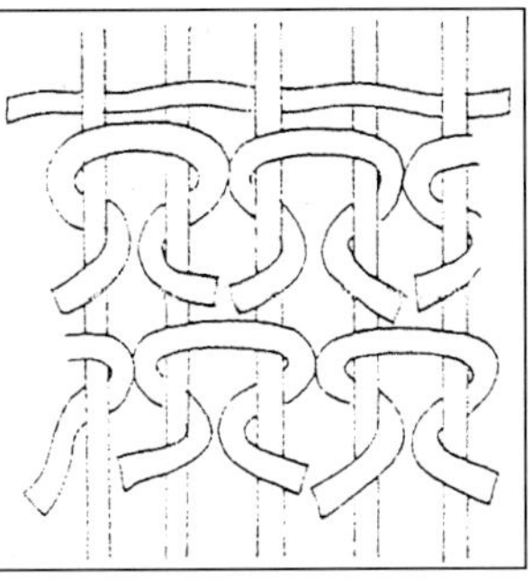

图 5

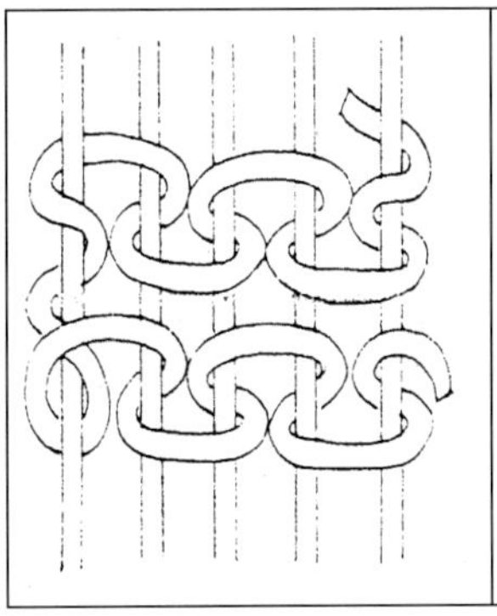

图 6

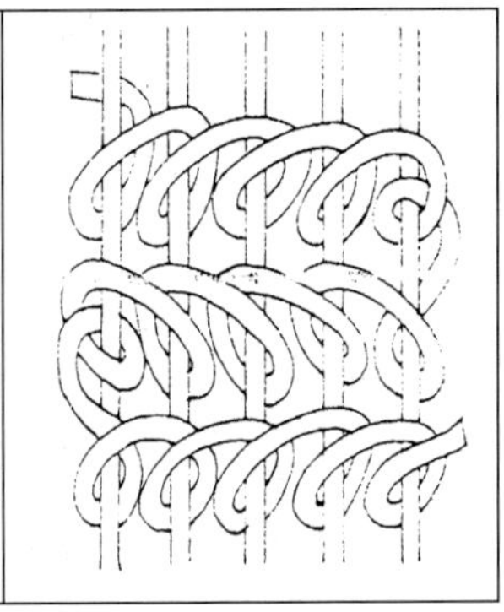

图 7

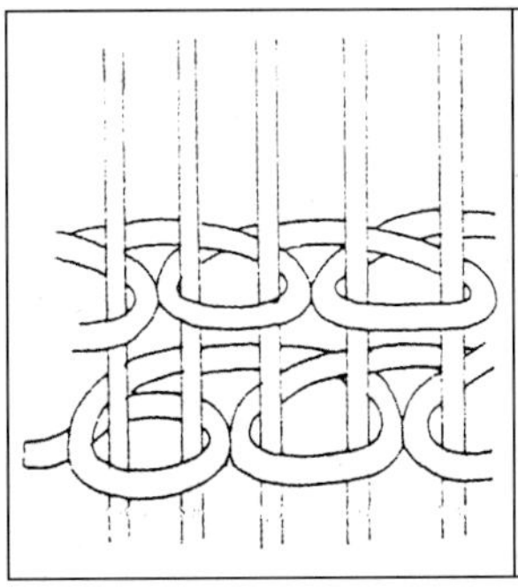

图 8

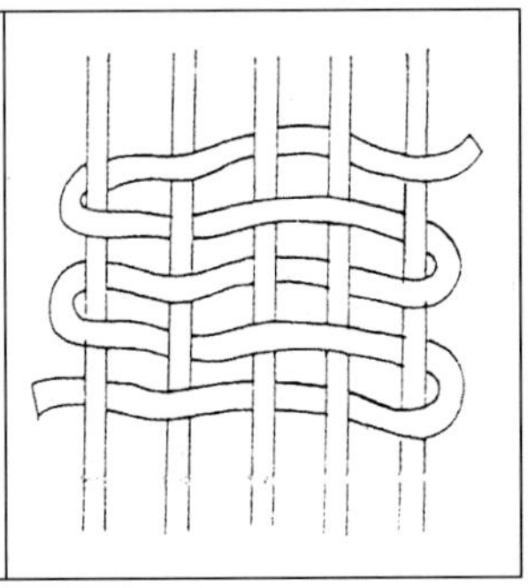

图 9

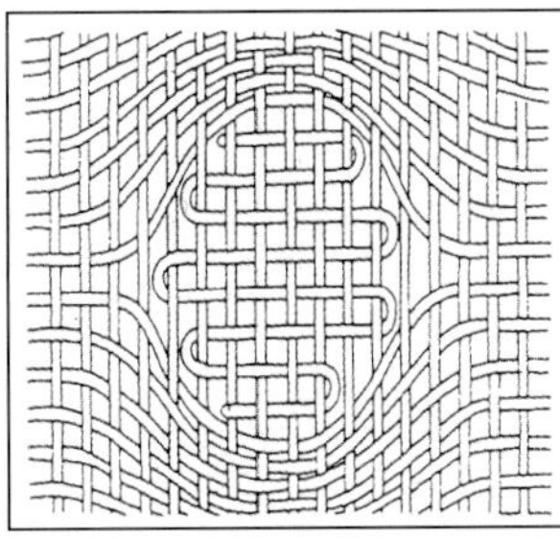

图 10

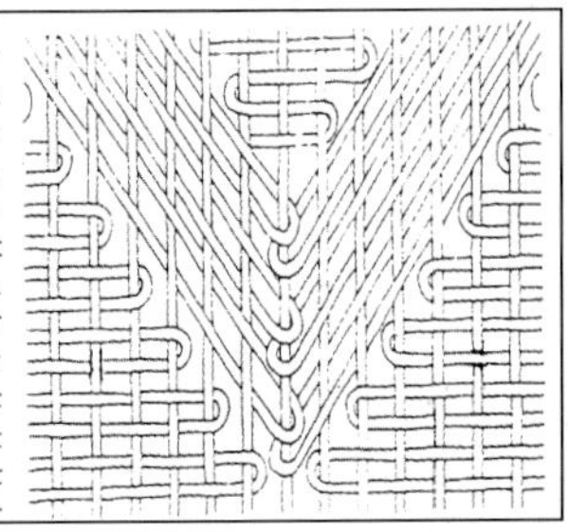

图 11

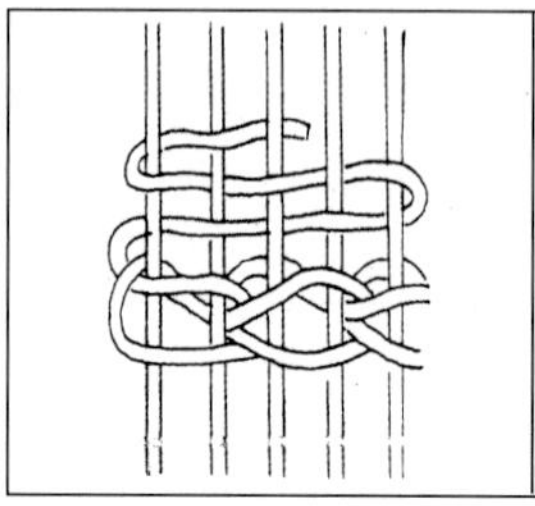

图 12

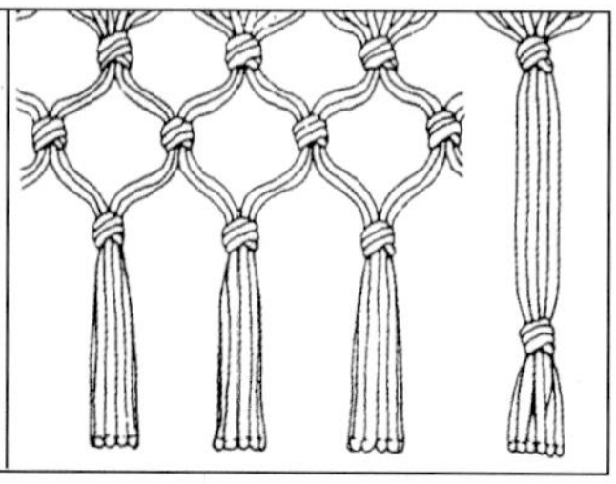

图 13

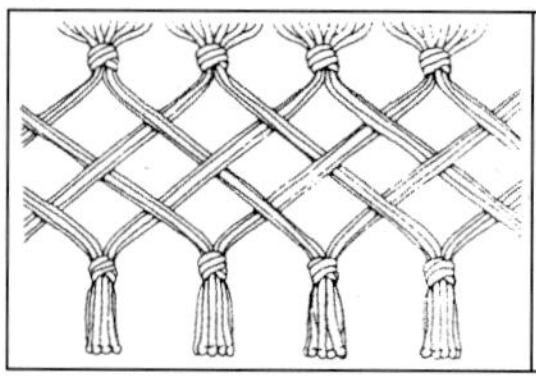

图 14

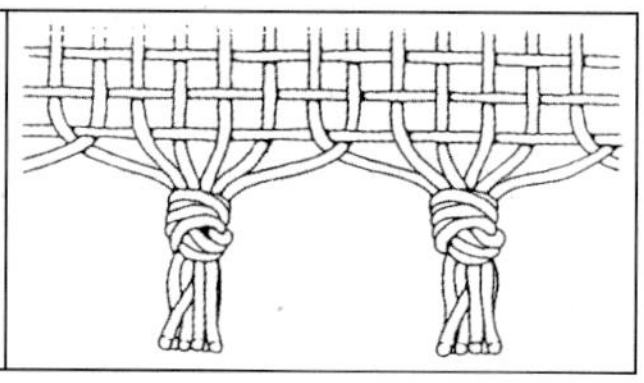

图 15

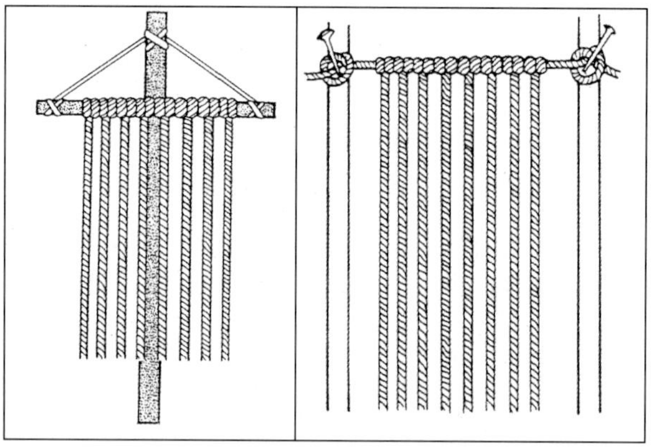

图 16

4．锁边和穗子

编织结束后，要进行锁边，还要利用剩余的经线编织或外加一些穗子，穗子可以起到很好的装饰效果。（图 12～15）

二　编结壁挂

编结壁挂是一种没有经纬之分、相对自由、边编边结的工艺。采用不同的材料和编结方法，形成或平面、或立体、或粗犷古朴、或精细典雅的各种风格。编结的全过程是把材料、工具、花结、类型串连组合的过程，使编结成形式多样、各具特色的壁挂艺术。

1．编结用具

编结壁挂没有明确的经纬穿编，不需要整齐紧绷的经线，并有一定的悬垂感。因此，在上方要选择合适的棒棍作为挂梁，如木棒、塑料棒、竹竿、金属棒等，棒棍可以有方、圆、扁的变化，可以有粗细、长短的变化。用木料或其他材料做个框子，与挂梁结合固定在墙上或其他地方便可以挂线进行编结。（图 16）

2．编织技法

平结与半结是编织的基础，掌握了最基本的打结技法，利用平结与半结可以组成千变万化、多种多样的装饰花样。如图所示（图 17），就是基本的平结、正半结、反半结的编结方法。编结时，线绳的松紧要均匀，因为它直接影响到编结的质量。在编结之前，要反复进行基本打结方法的练习，体验各种绳结的特点，尝试各种变化。

以上各种基本结还可横向、斜向编结进行连续和组合变化，如斜向变化、菱形变化、十字形变化、圆形变化等，还可以配以木珠和其他饰物。只要我们把结进行巧妙地组合、变化，就可以编结出多种不同的图案来。（图 18）

3．装饰编穗

编结结束时，根据需要一般可以用平结收底，将多余垂线底端剪齐即可。穗子是编织壁挂中常用的一种装饰手法，根据所余垂线的情况，采用不同的编结方法，可以组成不同的穗子，也可以在编织物上另加穗子。编织壁挂编好后，根据情况可在背面衬以布料，以增加厚重感。（图 19）

刺绣壁挂

刺绣俗称“绣花”，是我国优秀的民族工艺，由于刺绣的素雅精致，所以具有很强的实用性和装饰性。传统刺绣以服装、枕套、靠垫等生活实用品为主，而在现代则由于绒绣色彩丰富、层次分明而成为现代壁饰的理想形式。近年来，传统刺绣结合了国外的刺绣技法和现代审美的观念，更加适应现代生活环境和社会时尚，设计制作的刺绣壁挂也具有更好的装饰效果。

刺绣的工具材料范围比较广，可以选用各种不

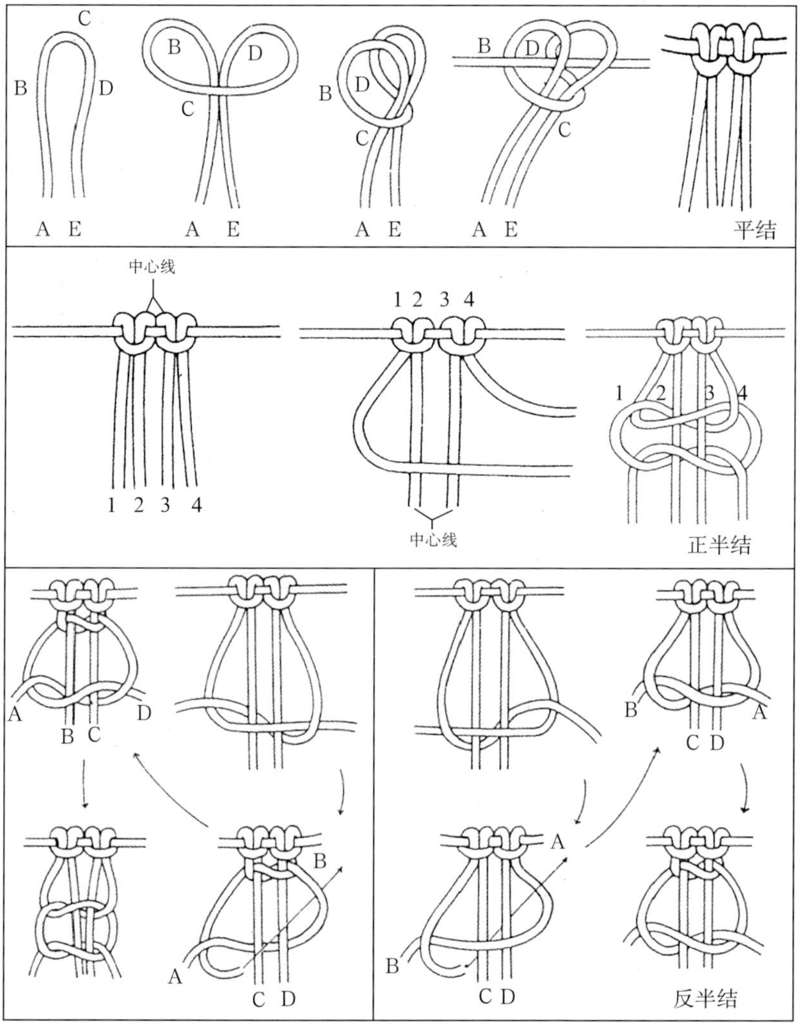

图17

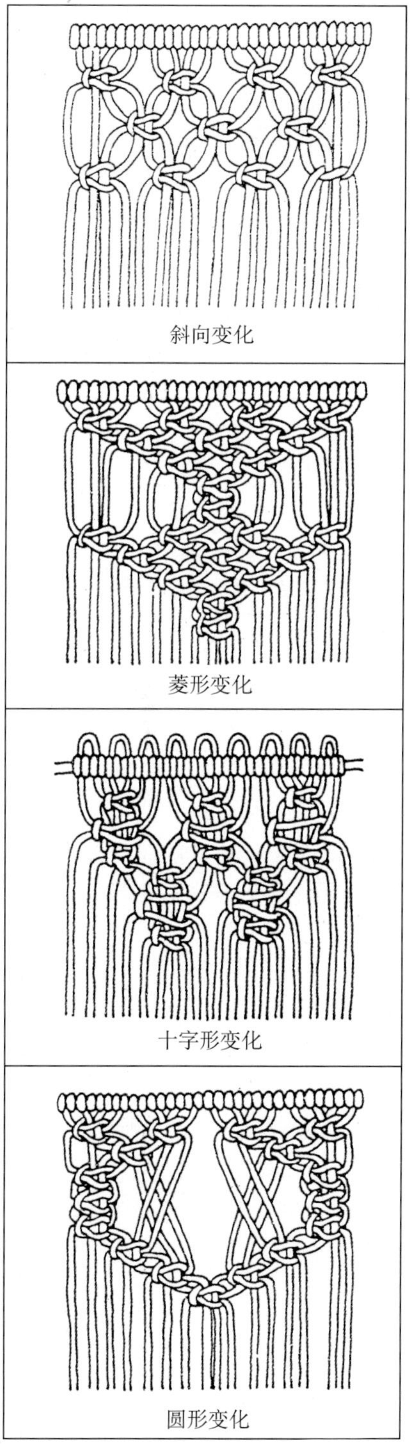

图18

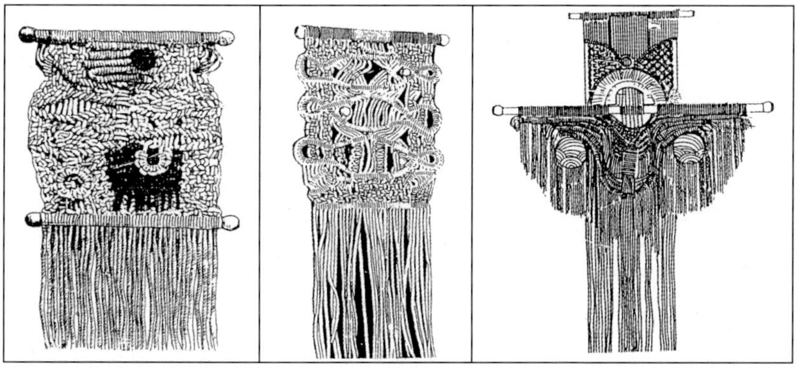

图19

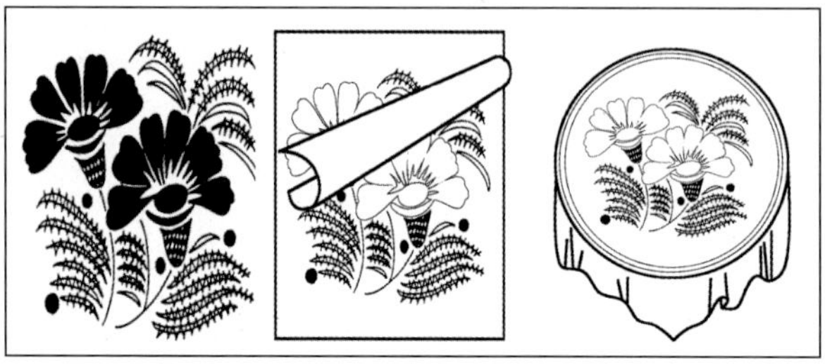

图 20

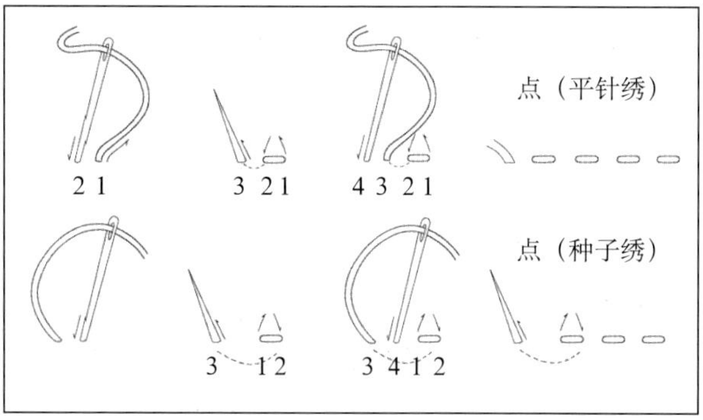

图 21

同质地的织物，如细平布、细麻布、的确良等。绣花线分棉线和丝线两种，色彩种类很多，可根据不同的面料选择不同粗细、不同色泽的绣花线。传统刺绣的工具有绣绷和手绷。面积较大方形的绣绷目前除专业人员以外，一般家庭已少见；而手绷由两个竹圈制成，用来绷紧织物，使用方便。目前流行的时尚刺绣经常不用绷架，显得更加休闲、随意。绣花针常选用较小号的，一般用 9 号或 12 号针。

绒绣壁挂的绣线材料有各色绒线、腈纶线等，粗细均可，原先绒绣的底料有专用的各种粗细型号的麻布，绒绣壁挂材料选用的范围很广，黑绒布、麻袋布、白色包被布等的效果都很好。绒绣还需要大号粗针、剪刀、图钉、浆糊等用品。

传统刺绣的技法很讲究，也很复杂，这里不妨用游戏的心态，结合美的形式规律，以图案的点、线、面作为基本技法的切入点。

传统绒绣是以十字绣为造型基础的，现代绒绣壁挂融合了各种针法，大大增强了表现力。

一　刺绣壁挂

1．刺绣准备

刺绣的起稿要求清晰，不管是创作或临摹，绘制图样都要一丝不苟，再用复写纸复印到布料上，然后把布料绷上圆绷，拉平拉紧。（图 20）

2．刺绣技法

掌握和练习体现点、线、面的各种常用针法。

点的针法：主要有平针绣和种子绣，区别是：平针绣是一针一针向前绣；种子绣是倒回来再绣第二个点。（图 21）

线的针法：有直线绣、曲线绣、回针绣和轮廓绣等。直线绣就是把点加长；曲线绣是利用直线绣连成锯齿状；回针绣和轮廓绣都是回针，不过轮廓绣回针时有些重叠，使线条加粗，是经常用来绣轮廓的针法。在这些绣法的基础上，还有使线加粗的各种针法。（图 22）

面的针法：有花缎绣、长短针绣、乱针绣和填空轮廓绣等。花缎绣是用直线绣把面积填满；长短针绣绣的面很活泼，尤其用深浅不同的线绣更加明显；乱针绣用随意的交叉线密集成面。（图 23）

3．综合应用

任何一幅图案都可以分解成点、线、面。看起来复杂的图案，先把它分成点、线、面三部分，再观察它是由哪几种针法组成，就不会感到复杂了。其实一幅作品用上几种绣法就显得丰富了，刺绣壁挂的就是要综合各种绣法，灵活运用，达到最好的效果。当然，作为壁挂，整体色彩搭配的效果尤其重要，要注意色彩的对比和协调，最好有一个总的色调。

二　绒绣壁挂

1．绷框描稿

为了绣制方便，可以根据壁挂尺寸，用木条钉成方形绣框，将织物绷紧在钉木框上。

在一张白纸上用铅笔画好草稿，然后再用复写纸复印到绣布上。如有把握可直接用铅笔在绣布上起稿。如是黑色绒布，可在草稿的背面用粉笔涂遍，然后用铅笔勾描轮廓，绒布上就会留下白色的印痕。

2．基本针法

绒绣的基本针法与一般刺绣相似，可根据图稿选用相应的针法进行绣制，由于绒绣的绣线比较粗，所以适合运用打圈和拉绒的手法，同时十字绣也是主要的针法之一，下面将做简单介绍。

十字针：属挑花的一种针法，线路为十字形，图案纹样呈方折块面状，具有现代美感。

盘结针：用多股绒线合为一股，如同绳子一样盘在绣布上，然后用另一根针线将这多股的线绳逐

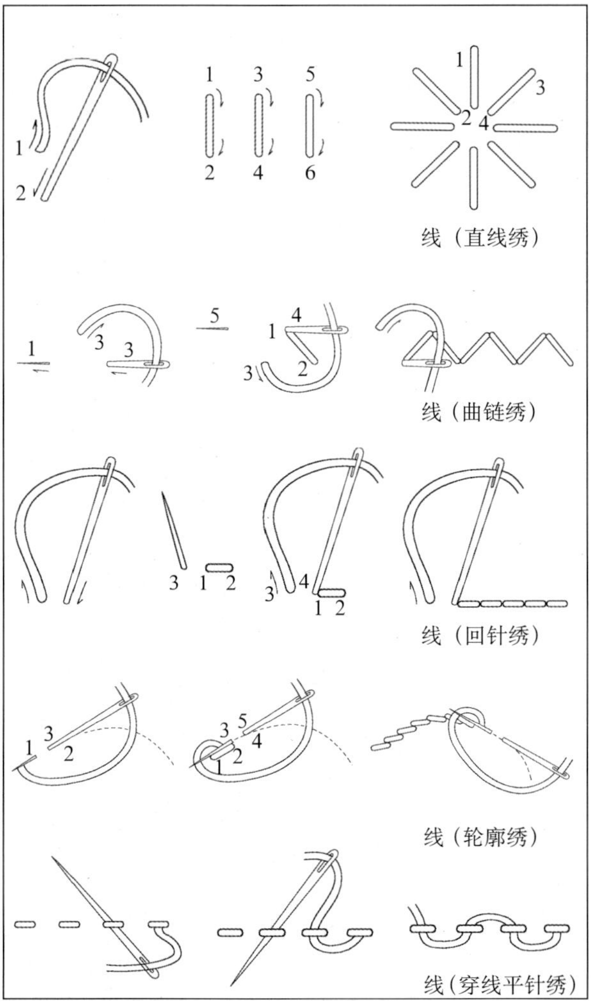

图22

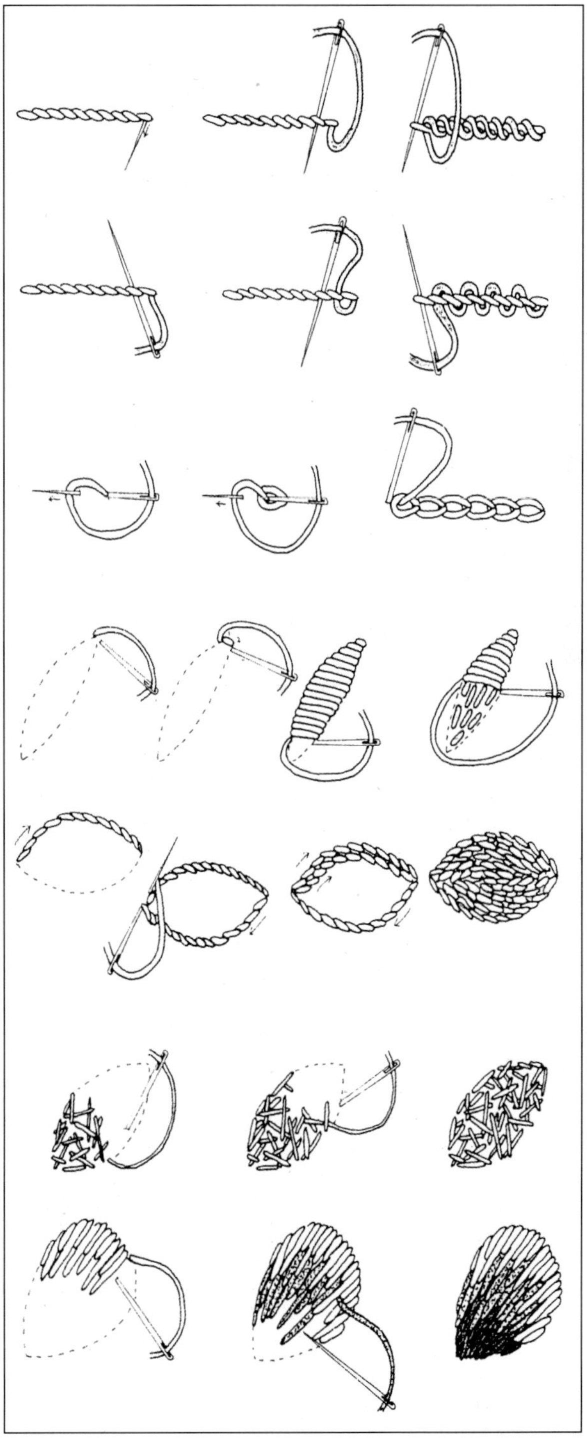

图23

图书在版编目(CIP)数据

印染·编绘/孙家祥,郑暹编著.—重庆:西南师范大学出版社,2005.5(2014.8 重印)
(学前专业美术教育手工系列教材/孙家祥主编)
ISBN 978-7-5621-3357-5

Ⅰ.印… Ⅱ.①孙… ②郑… Ⅲ.手工课—学前教育—教学参考资料 Ⅳ.G613.6

中国版本图书馆 CIP 数据核字(2005)第 054483 号

学前专业美术教育手工系列教材

印染·编绘

编 著 者:孙家祥 郑 暹
责任编辑:王 煤
装帧设计:梅 子
出版发行:西南师范大学出版社
网址:www.xscbs.com
中国·重庆·西南大学校内
邮 编:400715
经 销:新华书店
制 版:重庆海阔特数码分色彩印有限公司
印 刷:重庆长虹印务有限公司
开 本:787 mm×1092 mm 1/16
印 张:6.25
字 数:171 千字
版 次:2011 年 11 月第 2 版
印 次:2014 年 8 月第 2 次印刷
书 号:ISBN 978-7-5621-3357-5

定 价:31.00 元